教育的生命底色

武凤霞　著

湖南教育出版社

写在前面的话

刘铁芳

本书系名之为“树人书屋”，意在秉承“十年树木，百年树人”的古训，在日渐浮躁的教育世界中，重温一种尊重人的生命发展规律的教育理想。

“树人书屋”将以随笔为基本形式，以对各种教育生活的幽微叙述为基本内容，以切近教师日常教育生活的方式，促成教育常识的回归。

教育启蒙有赖于理论与实践、学校与社会、教育者与被教育者之间持续不断地对话。

“树人书屋”就是要创建这样一个积极对话的平台，让所有真诚关注教育问题的专家、学者、校长、教师，以及其他关心教育的人士，都能汇聚于此，交流、碰撞，激发关于教育理想的点点心火。

序（一）

教育家应从课堂中走出来

朱世泽

立春后的日子里，虽然寒气未曾消退，但在阅读武凤霞老师送来的书稿的过程中，我却感受到了春的气息，一股拂面而来的教育春风的气息。忘却作者的身份，沉浸在她用诗意般的语言构建的教育世界里，颇觉春意盎然。

经常听教师们说："教书是个良心活儿。"我觉得，这里的"良心"二字有千钧之重。因为，在这两个字背后，蕴涵着学高、身正、思远、业精等多重内容。在"做一个人格与学术双重魅力的教师"这一缉里，我读出了一个教师质朴的职业诉求。诚如作者所言，教师应该是一个深怀宽容精神的人，一个绝对值得家长信赖的人；应该是一个积极进取的人，一个不断唤起学生成长欲望的人。一句话，一个优秀的教师应当成为"善良的使者、挚爱的化身"。想到这些，我觉得"师德"这个词绝不宏人，它满含着整个社会对教育工作者的期望。应该说，在这个社会快速转型时期，在浮躁的气氛充满社会各个角落的时候，广大教师却应该守护心灵的那片净土，不为浮华所动，视教育为精神栖居的"伊甸园"。只有这样，我们才能肩负起这个伟大的时代赋予自己的伟大使命。

在阅读这部书稿的过程中，我强烈地感受到，作者为构建学识魅力所作的努力。备课是有诀窍的，一次听课引发的思索，生命课堂的思考与实践，在学生心中播下一粒向往未来学习的种子……作者用大量篇幅，记录自己对课堂教学的敏锐思考。对我而言，虽然很少与作者一起探讨课堂教学的具体细节，但是，从字里行间看到了课堂教学的智慧所在。看得出来，作者对课堂教学的理解无不体现着她对生命的关注。作者通过课堂提倡人的生命与自身、自然、社会、他人的整体和谐，唤醒学生的生命意识，开发学生的生命潜能，激发学生的生命活力，使课堂充满了人文精神的魅力。可以说，作者用这些温润的文字来解读语文课堂，同时也更加精湛地诠释了她对“洋溢着生命的律动”的课堂的不懈追求。

在这本书中，无论是作者对自己课堂教学的解读，还是对他人课堂案例的点评，都充分体现了她的课堂改革意识，充分渗透了她的课堂教学理念。让人在阅读中，不仅收获了对教育的全新看法，而且收获了一种精神的提升。

正是武凤霞对教育工作的无限热爱，对教学规律的孜孜探求，对完美和卓越的不懈追寻，使她由一名普通的小学语文教师，成长为知名的课堂教学专家。由此使我们想到一句话：教育家应该从课堂中走出来。他应该根植于课堂，能够在教育的细节中发现教育的实质，能够运用自己的智慧破译教育的密码，形成自己独有的教育思想，这种思想能够在岁月的冲刷下依然饱含光辉，不仅给当下的教师一种有益的启迪，而且能够引领更多的后来者向着教育最明亮的方向行走。

（作者为河南省濮阳市教育局局长）

序（二）
清风无端绕直树，为谁看护心中月

余小刚

春节将至，武凤霞老师从远方打来电话，说要将我曾经写过她的一篇文章作为她的新著《教育的生命底色》的序言之一。略微思考后，我断然告诉她，我想重写一篇。

在我看来，人对某种事物作出判断不只是因为单位时间内注意力的集中，而是随之积攒的经验、视角和想象力。所以，刘勰有“凡操千曲而后晓声，观千剑而后识器。故圆照之象，务先博观。阅乔岳以形培塿，酌沧波以喻畎浍。无私于轻重，不偏于憎爱，然后能平理若衡，照辞如镜矣”的感慨。

我曾经写过很多名师，发表后，我发现，这些文章总会留下些遗憾。原因是，为工作而写，总有应急性的仓促和公式化的拘谨。当我继续观赏这些名师的课后，我会觉得，其实我会写得更好些。所以常常会产生重写名师的愿望。套用一句时髦的话，所谓名师，就是观赏了他的课、还想继续观赏，写了她、还想写的教师，武凤霞老师就是让我想继续观赏她的课，并想重写的名师。

武凤霞是一个与教育密切相关的人，她在属于她彰显生命价值的教育舞台上，带着从容明朗的语调，热情清爽的表情，真实再现了一个师者的美丽，将自己的情怀与课堂情节熔铸成一曲生命灵动的乐章。让我们看到，一个教师，是怎样的虔诚职业的磨练与忠诚，是怎样的珍爱生命与人生，是怎样的抒发情感与心声，是怎样的完成自我风度的塑造与尊严的维护。

武凤霞是一个有自己独特教育思想的人，她对教育和语文教学有自己独到的见解，提倡并践行“生命教育”理念，她试图以语文为杠杆，关注学生生命的全程发展。所以她强调教育对生命本真的彰显，消解成人世界政治与道德次序的蒙蔽，还知识纯洁，还学习纯洁，还课堂纯洁，让人文的熙光，捂煨时间的冰冷，照亮生命的行程，她的“少情感灌输”、“去教条思想”、“无霸权信息”、“淡成人思想”等教学思想，触及时弊，趋向本质，标示时代，必将在未来语文教育的领域绽放光芒。

武凤霞是一个善于为教学涂上艺术的颜色的人，她的课是课的艺术，是艺术的课。艺术的课首先要真实动人，武凤霞的课真实动人得让人生出“原来名师的课与一般教师的课别无二致，有的是让我们惊喜和激动”的亲切；艺术的课必然涵盖了价值存在，武凤霞的课，教学目标或明或暗地融合在对话的过程中，读的牵引，词句的探析，语言的提示，所有这一切挟裹了理解、感悟、情感体验与情感生成、人格塑造与精神发育等等生命成长的要素，铺排出一个生命持续发展性质的过程；艺术的课，有其独特形象让人产生深远的想象，武凤霞的课华美而不花哨，写意而不浮浅，与其他名师的课相比，武凤霞的课不胜在大气而胜在清爽，不胜在完美无缺，而胜在价值多样，我曾经这样描述过她的课——“多以从容舒展的对话场营构开始，宛如定下了明快的基调，然后触及文本信息，在读与说中获取信息意义，求得包括学习策略在内的课堂最初价值，在相机生成的信息筛选中，以独特的视角契入文本的深层内涵，或疾风劲吹，或艳阳高照，或雨帘如线，持续劲健地推进思维深度撞击，生成生命个体发展的养料，于是语言的、精神的、肌体的、心智的，以获得不知不觉的发展而爽然，并由此形成一种自觉的期待。这样的课，美得清劲爽利。”她的《船长》、《生命 生命》、《检阅》、《杨氏之子》等课，几乎打上了她个人的标签。

与其说，我的这篇文字是在为武凤霞老师的新著《教育的生命底色》写序，毋宁说我是把我了解的武凤霞说了出来，置于书首，先得印象，如此，我的文字便有了意义。

教育是塑造人的事业，教师是心灵的守护者，清风无端绕直树，为谁看护心中月。请让我用法国诗人纪伯伦的《先知》结束：

你们可以庇护孩子的身体
但不能禁锢他们的灵魂
孩子的灵魂栖息于明日之屋
那是你们梦中无法造访之境

（余小刚，《四川教育》教学室主任，四川作家协会会员，出版有诗集、诗评集、学生读物等著作 6 部。）

序（三）

优雅复优雅——武凤霞印象

刘娟娟

今年暑假，我在郑州师专参加河南省第二届名师培训班。7月7日，我早早来到报告厅，选了第一排的最中间的位置坐下，满怀期待地等着，等着当年的翼然，那个教育在线的朋友，等着今日的武凤霞，我们河南林林总总的小教特级中唯一一颗绚烂华夏的小语之星。

凤霞来了，穿着大红的立领镂空开襟长衫，雪白的吊带背心，雪白的九分裤，长衫伴香风随着她的步履飘逸的舒展开来，款款的，袅袅的，凤霞飘然而至。她开始调试电脑，试课件，我坐在第一排，可以看见她衣服上镂空的花形，我微笑着看着她，我们交流并不是太多，但在我的心中，凤霞是我的好朋友。我注视着她的忙碌，我如此近距离地看着她，但我知道我离凤霞太远太远。也许是心有灵犀吧，凤霞发现了我，小声问我哪天来的，我特别开心，凤霞认出了我！我们04年一起在宝应听过课，后来她参加了研修班，我带着孩子要旅游，就先回了。眨眼五年了，她还能认出我，凤霞记性真好。

凤霞是个追梦人。讲座开始了。题目就非常有诗意——《向着岁月许下一个郑重的承诺》，然后，歌词开头，一个又一个的故事连接着凤霞今日的高度。当年偏远农村的伶俐小姑娘，羡慕村头那家从城里走亲戚来的小女孩，羡慕她花花绿绿的漂亮衣服，羡慕小女孩跳皮筋的雀儿般灵巧，于是，在这种童年的回眸中，她的梦开始了，她开始了至今从未停止过的“行行重行行”。“只要不让年轻时的梦想随岁月飘逝，成功总有一天会出现在你的面前。”“只要你不停地行走，路就始终在你的脚下延伸，只要你心中有目标，你就会不懈地接近它，最终拥有它。”凤霞的语速不快，也不高昂，听起来很有磁性，不是属于女性尖嗓门细嗓子的那种，很耐听，如果在歌坛发展的话，应该是德德玛、关牧村类型的，音域宽广浑厚，我喜欢这种音质。她在讲的时候，我想起了《武凤霞讲语文》中的第一句话：路只能靠自己走，把希望寄托在别人身上的人永远长不出美丽的翅膀。求学、起步、磕绊、追赶、跨越、长路，直至今日如此绚烂的名师，凤霞一直“在路上”，对于一个有梦的人，她就是那个穿上了“红舞鞋”的舞者，前方永远有梦，她永远不会停止追梦的脚步。

凤霞是个红色的追梦人。我想凤霞是喜欢红色的，《小学语文教学通讯》《小学青年教师》凤霞都做过封面人物，都穿着红色的上衣，《武凤霞讲语文》上的照片，凤霞白外套里衬的也是红背心，校讯通上的照片，绕着一条红围巾，今日的讲座，凤霞又穿着鲜红的红外衣。在凤霞的讲座里，我们可以看到凤霞“红色”的性格，她真实得如火一样无法掩饰，她坦率得如天一样澄净透明。那“我要讲课”的愿望，像火一样在烈烈燃烧，那读书进步的劲头如长明灯一样一直亮在心头。无论是当年那小小的“苔花”，还是今日灿烂怒放的“牡丹”，凤霞都是恣意的“红花”，蓬蓬勃勃地展示着她每个成长期的生命状态。她红色的性格还表现在她的富有挑战，很遗憾，我从没有听过凤霞的课，但是，在沉浸于《武凤霞讲语文》之前，在她的这本专著出版之前，我在杂志、网络等媒体上看过本书后面的所有实录，并且，在指导我校教师参加省语文优质课的时候，还推荐那位参赛老师看看凤霞的《生命 生命》，《检阅》中关于“缺席”的大胆挑战，《船长》中“克拉玛依大火”的责任审视，《生命 生命》中富有张力的三个“没想到”，都是“燃烧的红色”——亮丽、抢眼、深刻、不俗。

凤霞是个翩翩然的红色追梦人。尽管我看到了凤霞如此之多的“红色”，但是，凤霞并不焦灼，“中国艺术多讲究留白。……语文教师讲课时也要讲究留白，重点部分深究，次要部分可以一带而过。”“经典内化于心，外化出来就是一种风景。”“不要要求平等，谦虚是永远的通行证。”“在课堂上，不是听学生发言的内容，而是听其在发言中包含的内容、想法，与其心心相印。”这些话，都让我们真切地感受着作为一个师者“生命在场”的体悟。讲座的时候，她如葱的嫩白十指会随着她讲的内容交错着，轻舞着，涂了红指甲的指尖在空中划着一道又一道优雅的弧线，她还会时不时地推推她红色框架的方框眼镜，或者摘掉眼镜，轻轻拭去脸上细细的汗珠。那个时候，不知怎的，跑神儿想起她“千里拐看云”时非要给看云展示她时装的可爱劲儿，想起校讯通上她轻侧浅望的照片，这个小资的可爱人儿啊，怎么什么时候都这么优雅！

凤霞讲了整整一天，面对这个优雅的可爱人儿，我还得用个最俗不可耐的比喻，一整天的会场都静得掉根针也可以听见，足见凤霞的魅力。每次下课，都有一群教师围着凤霞在请教问题，我在旁边等了很久才和她说上一句话：“你以前太瘦了，现在比以前胖了一点，真好！”女人都喜欢让别人说自己瘦了，似乎瘦了才受听，而我并不喜欢，我喜欢我们这些“超三”的女人稍微胖点儿，胖点儿才健康，才更美丽。

看到凤霞淹没在人群中给老师们签名、谈话，我真的很感佩：那个望着城里女孩的小姑娘，这个小语杏坛的追梦人，如此清晰地叠在了一起，如此的特级，如此的名师，如此的优雅复优雅。

（作者为河南油田实验小学教科室主任，河南省名师）

目 录

第一辑 在追寻中见证

第二辑 在学习中建立起行走的坐标

第三辑　为教育打上尊重的底色

第四辑　让课堂在温润的气氛中舞蹈

第五辑　做一个具有人格与学识双重魅力的教师

代后记

第一辑　在追寻中见证

在追寻中见证

——写在小学语文教学改革三十年之际

一直认为，作为一名小学语文教师，我是一个幸运者。因为，追随着小学语文的发展变化，我走过了一段难忘的历程。有幸见证了小学语文教学从几枝鲜花怒放，到百花满园繁盛的变迁，也见证了小学语文教学从关注知识与能力，到关注知识能力、过程方法及道德情感价值观的教学理念的变化。

一、八九十年代，欣赏着大师的身影走进语文

刚毕业时，不知道什么是语文教学，听人评价一节课讲得好时总是说“分析得真透彻!”“讲得真清楚!”所以，理所应当就把分析和讲解当作语文教学的主要手段。那时候，唱响全国的是“三为主”的教学思想，即：学生为主体，教师为主导，训练为主线。在“三为主”的原则中，最被凸现出来的是“训练为主线”原则，全国上下流行把语文课上成“语言文字训练课”，于是，课堂上指导学生读出感情，学会分段总结段意，分析文字的精妙所在，练习并掌握修辞手法的运用等等就构成了语文课堂教学的主旋律。至于怎样的训练是学生

喜欢的，如何训练是高效的，倒是真的说不清楚。比如朗读指导，一般只是停留在“像我这样读”“要把某某词读作重音”这样的技术层面，甚至认为这就是朗读指导的真谛所在。

支玉恒：《第一场雪》的冲击

直到遇到了支玉恒老师，直到欣赏了他执教的《第一场雪》。

那应该是1988年前后，学校一位老师外出听课，现场看了支老师这节课，回来给我们大谈自己受到的震撼，那种陶醉不仅激起了我们这些年轻老师的好奇，校长也被深深地吸引，于是，学校马上在课外活动时间组织老师们欣赏这节课的录像。屏幕上出现了一个中年男教师，我们都被他潇洒的风度吸引了，他亲切、淡定、潇洒、幽默，独特的教学语言不仅让孩子们学得快乐，而且让听课者感受到一种课堂的轻松与和谐，我们深深感到，支老师不是在上语文课，而是在谱一曲美妙的歌，做一幅优美的画。他经典的朗读指导，经过20年风雨的洗礼，到现在依然灿烂如初。

比如，在学习“雪后”一段时，支老师用富有激励性的语言说：“雪景这么美，谁能美美地读一读？用你的朗读把大家带到广阔的雪野中去游览一番！”一学生读得还可以，支老师风趣地说：“读得不错，但你刚刚把大家带到雪野的边上，谁能再把大家往里面带一带？”一个学生读得反而不如前一个，支老师又善意调侃：“刚才那位同学好不容易把我们带到了雪地边上了，你又把我们带了出来。”同学们开怀大笑之后，又更加努力的投入到朗读中，都希望自己能把同学们带入到雪野中去，一个比一个读得好。

这就是支老师的课堂，教师的幽默风趣换来了学生的活泼开朗。

这就是支老师的朗读训练，于不着痕迹中引领学生进入读书的最高境界。

记得当时听完课以后，很多老师模仿着上这节课，那新鲜的朗读指导方法让大家感到了一种从未有过的好奇，于是“用你的朗读把我们带入到一个什么情景中去。”的朗读指导用语成了学校甚至那个阶段小学语文教学的流行语。

从这一课，我们走进了支玉恒，也走进了他灵活多变的教学特色。

就在我们年轻的老师们还在回味模仿《第一场雪》的朗读境界时，1997 年，支玉恒老师执教的《太阳》又开了说明文教学的先河。

《太阳》片断：

（学生了解了课文写的基本内容以后，支老师引导学生发现，文章必须要有一定的顺序才可以让读者读懂）

师：书上讲的一些东西你们全明白了，全给写到黑板上了，还用我上课不用？

生：不用！（哄堂大笑）

师：咱们下课吧？

生：用！

师：好。如果现在我把你们的书都收上来，给你们印一张纸发下去，这纸上印着什么东西呢？就是这半边黑板上的东西，原封原样印上去。我说：同学们，给你们这张纸，你们看吧，这就是太阳！你们读吧，能读明白么？

生：读不明白。

师：为什么读不明白？

生：因为缺少详细的介绍。

师：还缺少什么？

生：缺少顺序。

师：对了，东一句西一句这儿一句那儿一句好不好读，咱们给排排序好不好？把书扣过来，看你们的记忆力怎样。按照书上叙述的顺序，给它排队。

（接下来，支老师引导学生逐条梳理顺序。排序完毕后，教学继续进行。）

师：不简单。现在我把刚才发给你们的纸收上来，再给你们印一张纸。怎么印呢？按照咱们排好的顺序，第一、第二、第三一直到第十三，按顺序排好，印给你们。这回能读懂吗？

生：能。

师：不缺什么啦？

生：缺关联词。

师：也就是缺少表达它们之间关系的内容，对吧？好了，咱们一块来看一看。

（接下来，支老师又引导学生发现和归纳课文知识之间的关系。他先把前三条提出来，引导学生发现他们之间的关系）

师：这三条内容，实际都是讲哪一回事？

生：太阳离我们很远。

（支老师用大括号将“远”字和那三条内容联系在一起。）

师：这样一来它们之间有关系啦：总——分。可是这一篇课文你要老是总分总分好几层，太麻烦了。咱们给它打个比方好不好？这三个呀，是三个少先队员，它们组成了一个小队，那么这个“远”就是什么呀？

生：小队长。

师：对，它就是“小队长”。那么咱们这个黑板上呀，还有好几个小队长，有的就在上边写着，有的在后边藏着。快找，看还有哪些小队长？

（学生找出了“大”“热”“关系密切”）

师：这四个小队长：远、大、热、关系密切，都一般高吗？

生：不一般高。

师：哪个比较高？

生：关系密切。

师：为什么它高？

生：因为他的成员比较多。

师：不一定。你们班 40 个人，班长叫班长，他们班 70 个人，他们班长也叫班长。所以不在成员的多少。

师：你们看，不管说太阳远、太阳热、太阳大，都说的是谁？

生：太阳！

师：对了，都说的是太阳本身。可是“关系密切”说的谁呀？

生：太阳和地球。

师：对了，它涉及的范围广了，管的地片大了，它就比它们高了。既然比它们高了一截，它就当什么了？

生：中队长。

师：他又在课文的后半段，所以，我们说它是第二中队的中队长。叫什么？

生：关系密切。

师：那么前面这三个小队：远、大、热，也给它们组成一个中队，也给它找个中队长，你们说这个中队长该叫什么？

生：太阳的特点。

师：太阳的什么特点？

生：基本特点

师：对了，我们叫它基本特点，也可以叫它一般特点。

师：那么这两个中队还应该组成一个大队吧。这个大队长叫什么？

生：太阳。

……

一节枯燥的说明文就这样有滋有味地呈现在大家面前。什么叫寓教于乐？什么叫学生为主？什么是语文能力训练？支老师的这节课作了很好的诠释。反思支老师的课堂，最大的突破就是改变了以往条分缕析式的教学方法，淡化了政治思想教育。在他的课堂上，没有口号言语，没有标语板书，学生不用豪言壮语表决心，只需要体验到语文学习的快乐。亚斯贝尔斯说：教育是一棵树摇动另一棵树，一朵云推动另一朵云，一个心灵唤醒另一个心灵。支老师课堂的最大特点就是让学生在不自觉间得到这种摇动和唤醒。在支老师的课堂上，语文不再是一个理性的语词，语言文字训练也不再是生硬的技术操练，在这里，语文真实可感，语文形象可书，语文被分裂成一个个小小的“原子”，随时都可以被学生读在口中，拿在手中，想在心中。而这一个个精彩的点汇集在一起，撑起了“语文”这个大树的繁茂。

也正是因为这一份魅力，所以，十几年间，听支老师的课成了很多年轻老师的向往。支老师的课堂节节都在创新，你很难在两节课上找到相同的影子。小学语文教学的大师周一贯先生这样评价他：

支玉恒老师十分重视教学过程的创造性，他从不固步自封，不墨守成规，他的教学之路是不断地求异、求变、求新、求发展的过程。教学思路的出新、教学设计的创意、课堂应变的灵活，乃至问点的选择、课题的解析、教学方法的运用、教学结构的安排，常常是新意迭现，使人觉得既在情理之中，又在预料之外，显示出教学的活力和魅力。而所有这些创新又总是能体现教师的睿智和聪慧。

也正是“创新”就成了名师支玉恒誉满北国南疆经典课堂的耀眼光彩！

于永正：《草》中的游戏与儿童

接着是于永正老师。

真正听到于永正老师的课要晚一些了，当时就有一种深深的遗憾，无缘和这位亲切和蔼的大师相遇。但是于老师又是一个对我影响很大的人。于老师的课堂是淡然中见真情，平实中透射着智慧，知识的学习能力的训练常常融合在游戏之中，使学生学而不觉，乐而忘返。走进于老师首先应该走进那一首著名的古诗《草》，在这一节课上，于老师把这首 20 字的古诗演绎得出神入化，尤其是指导学生背诵的巧妙，更是直到今天仍被人津津乐道：

师：小朋友，放学回家谁愿意背给妈妈听？（学生纷纷举手，于老师请一名小朋友到讲台前）现在，我当你妈妈，你背给我听听好吗？想想，到了家里该怎么说。

生：妈妈，我今天学了一首古诗，背给你听听好吗？

师：好！（生背）

师：我女儿真能耐，老师刚教完就会背了。（众笑）

师：谁愿意回家背给哥哥听？（指一名学生到前边来）现在我当你哥哥，你该怎么说？

生：哥哥，今天我学了一首古诗，我背给你听听好吗？

师：哪一首？

生：《草》

师：噢。这首诗我也学过，它是唐朝大诗人李白写的。

生：哥哥，你记错了，是白居易写的！

师：反正都有个"白"字！（众笑）我先背给你听听：离离原上草，一岁——

生：一岁一枯荣！

师：野火烧不尽，春…春……哎，最后一句是什么来着？

生：春风吹又生！

师：还是弟弟的记性好！（众笑）

师：谁愿意背给奶奶听？（指一名学生到前边来）现在，我当你奶奶。你奶奶没有文化，耳朵有点聋，请你注意。

生：奶奶，我背首古诗给你听听好吗？

师：好！背什么古诗？什么时候学的？

生：背《草》，今天上午刚学的。

师：那么多的花不写，干嘛写草哇？

生：（一楞）嗯，因为……因为草很顽强，野火把它的叶子烧光了，可第二年又长出了新芽。

师：噢，我明白了。背吧！（生背）

师："离离原上草"是什么意思？我怎么听不懂？

生：这句诗是说，原野上的草长得很茂盛。

师：还有什么"一岁一窟窿"？（众笑）

生：不是"一岁一窟窿"，是"一岁一枯荣"。枯，就是干枯；荣，就是茂盛。春天和夏天，草长得很茂盛；到了冬天，就干枯了。

师：后面两句我听懂了，你看俺孙女多有能耐！小小年纪就会背古诗！奶奶像你这么大的时候，哪有钱上学啊！（众大笑）

好，今天的课就上到这，小朋友，放学回家后请把《草》这首古诗背给家里的人听。

这就是于老师的课堂！改变了老师高高在上的形象，不再是以真理在握的身份出现在学生面前的强者，而是学生学习的同行人。这种独特的教师身份定位给当时的小学语文教学领域吹来了一股清新的风。于老师对学习的理解也超越了那个时代，那时，人们信奉的是“学海无涯苦作舟”的信条，课堂更多要求的是庄重和严肃，而走入于老师的课堂，我们看到更多的是学习游戏。当时参悟不透于老师课堂受欢迎的原因，现在明白了，学习很大程度上就是一种游戏，一个优秀的教师是会带着孩子们游戏的人。关于游戏之于人的重要，席勒作了经典的论述：人只有在充分意义上是人的时候，才游戏；而只有当人游戏的时候，他才完全是人。于老师的课堂上就是在做着让自己和学生成为一个真正的完全的人的过程，他的价值是让学习成为学生的一种需要，成为自发的、自愿的活动，这样的学习才是最有效果的。什么是名师？名师就是走在时代前列的教育者！

在于老师的课堂上，表演是一大特色。在《打鸟》的作文教学中，于老师换上了衣服、戴上了帽子，拿出了道具枪，像一个真正的偷猎者一样在课堂上开始呈现打鸟的经过。那惟妙惟肖的表演深深吸引了学生和所有在场的听众。有人曾经思考过这样一个问题：和现代的年轻老师相比，于老师不英俊，甚至普通话也不如年轻教师标准，但他的身上仿佛有一种魔力，只要一站在讲台上就会立刻吸引孩子们的目光，就会在最短的时间内得到孩子们的喜爱，这是为什么呢？我们来欣赏一下他的《杨氏之子》的导课片断：

表情朗读　背诵课文

师：同学们看于老师的表情，有什么变化？（做表情：笑容满面）

生：于老师很高兴。

师：看到同学们，我高兴了。再看于老师（做表情），现在是什么表情？

生：于老师好像很紧张。

师：对，有点紧张，上课的时候，同学们如果不积极发言，于老师就会紧张，希望同学们积极举手回答问题。行吗？这是今天我们要学习的课文，读读题目。（生读课题）仔细读一读这篇课文，和平时读的课文感觉有什么不同吗？

只有把学生看作自己的朋友，只有把学生当作一个完整的真正的人来看待的时候，教师才能有这份幽默和风趣，才能有这样一份温润、可爱的儿童情怀。也正是这份高贵的情怀，让于老师课堂上的举止言语显得那么随心随性，他笑，笑发自内心；他逗，逗立足于喜爱。从他那低柔的话语，真诚亲切甚至调皮的笑容中，学生们读到的是可爱，在这样一个可爱的“老儿童”身边学习感受到的是安全。好教师应该是一个长大的儿童。记不得是谁说的话了，但是，它却很好地诠释着于永正老师几十年不减魅力的常青奥秘。

于老师的教学语言丰富而充满童真童趣，2000年代表河南参加黄河流域小学语文阅读教学观摩时，为了让自己在课堂上游刃有余，智慧灵动，我深入研究了于老师的课堂语言，我发现，在学生学得好的时候，于老师喜欢把芝麻说成西瓜。“这个问题很难，你居然思考出来了，了不起！”“这段课文读好不容易，你只念了两三遍就这样出色，不简单！”在学生一次次达不到要求的时候，于老师又常常反话正说："刚才我说过，万一第四遍没读好，还有第五遍。第五遍果然读好了！请你介绍一下怎样才能读好课文的经验。"于老师课堂语言最突出的特点之一就是时刻让学生在他的语言中收获自信。从于老师身上，我深深感悟到课堂上如何根据学生的学习状况调整自己的语言，让自己的语言对学生时刻处于指导、激励、唤醒状态，为了强化这种意识，形成语言能力，我把于老师的教学实录中特色的语言分门别类的汇集起来，在对这些语言的分析体悟中，我懂得了于老师的话："我尽可能满足学生的内需。我清楚地知道，在儿童的世界里，伟大的不是大海，而是溪流。在他们的眼里，老师的一份宽容和善待，一声同情和慰劝便是伟大。它是老师心中藏着的爱意和善意的自然流露，这种流露便是一种非常简洁的教学风格和令学生感动的教学艺术。"

与支玉恒、于永正老师同时代的，给我及我们这一代年轻人很多启发的还有贾志敏、靳家彦两位老师，贾志敏老师的《镇定的女主人》把语言文字训练演绎得出神入化，由一个词到一句话再到一段话，贾老师引领着学生把课文从简单入手逐步读出丰满，欣赏着这节课的教学设计，最强烈的感受是感叹执教者的鬼斧神工。靳家彦老师的《跳水》以 120 多场的记录上红了大江南北，教学中靳老师对语言文字的体会细致入微，巧妙灵动，整节课丝丝入扣，教学随着文本中所叙述事件的发展向前推进，教学的高潮和文本的高潮在同一个点重合爆发。遗憾的是我是在二十世纪初才听到了贾老师的课，靳家彦老师的课至今没有机会亲临现场。两位老师的这两节代表课我都是从实录中学习的。记得当时捧读着两位老师的课堂实录，心中萌发的是深深地感动和震撼：语文课竟能这样上，竟能上出这般精彩！感叹之余也在思考：这样的课是怎么备出来的。结果常常是百思而不得其解。

找不到名师备课的诀窍，我们很多老师就模仿着上，学校一位年轻的男老师模仿支玉恒老师的《第一场雪》，“把雪夜读得再静一点”“把我们带到大雪中去”的朗读指导方法，让我们真实感受到“经典的教学技术是可以复制的”。我也模仿靳家彦老师的《跳水》，亦步亦趋的跟随，不敢越雷池半步，更别说是取舍或创造。即使这样，我们依然感受到了教学的魅力。

二、二十世纪，和着名师的节拍一路同行

听着几位老师的课，我们走到了20世纪九十年代末，小学语文的舞台上占据统治地位的领军人物依然是上述几位名师，但是，全国小语会主办的青年教师优质课大赛开始了，这次大赛为很多优秀的青年教师提供了展示的平台，大赛成了促使年轻教师成长的催化剂，在它的催化下很多年轻教师开始走进人们的视野。更为重要的是，随着新世纪的到来，随着中国走向世界脚步的加快，各行各业的生存发展理念也开始和国际最新理念接轨，教育不可避免也在发生着变化。其中最重要的是教育理念的变化，沿用了几十年的《教学大纲》被终止，取而代之的《小学语文课程标准》对语文的性质作了明确的定位：小学语文不再仅仅具有“工具性”，而是“工具性和人文性的统一”。学习方式也在发生着变革，小组合作、自主探究的教学模式打破了统治小学语文课堂几十年的教学常规。“教师不仅仅是知识的传授者，还是学生学习的同行人，是平等发言中的首席”“语文教学要体现知识与能力、过程与方法、情感道德价值观三维目标”等等全新的教育理念走进了一线教师的视野。“关注课堂生成”“以学定教，顺学而导”的教学原则开始让课堂由确定变得不确定，“尊重学生的独特体验”开始允许价值观由单一走向多元。

小学语文教学的舞台上开始出现了亮丽的春色，小学语文界开始萌动着新的精彩。

窦桂梅：令人沉醉的课堂

窦桂梅就是其中一抹最亮丽的色彩。

窦老师的课听过不少，最初是她的全国优质课参赛课《初冬》，窦老师在黑板上信手画出了柿子“挂”在树上的精彩；接着在湖北秭归听她的《落叶》，窦老师在舞台上和儿童表演“躲”和“藏”，快乐得像一个孩子。这几年读她的《圆明园的毁灭》《晏子使楚》《丑小鸭》等课例感受到的则是深沉、厚重和思想。

感受着窦桂梅的精彩，我们不能不审问：什么是窦桂梅？用朋友们的话说她是一朵“燃烧的玫瑰”，情思激荡，饱蘸生命的热情书写着小学语文的课堂；她是一朵勤奋的玫瑰，谦逊执著，遇能者则躬身向问。

最可贵的就是她的不断超越——从“三个超越”到“主题教学”，完成了激情到思想的跨越。“超越教材”强调“在教好教材的基础上用教材教”。“超越课堂”强调“课堂小天地，天地大课堂”。“超越教师”强调教师要“和学生一起幸福成长”。在当时，窦桂梅提出的“三个超越”直指要害——当时教材、课堂、教师“三中心”的桎梏，致使语文教学偏离了母语学习的本质，对教师的要求偏离了专业发展的轨道，儿童的母语学习陷入了“少慢差费”的怪圈。她曾经在人民大会堂宣讲的这些理念，今天看来，超越的目的，就是要实现向儿童生命的回归，母语学习本质的回归，教师专业发展的回归。其超越的过程就是教师和学生超越习惯，超越传统，超越自我的过程。

当然，超越是无止境的。面对儿童越来越逼仄的语文学习环境，窦桂梅开始探寻儿童在较短的时间内，能否高效提高语文素养，深化情感和涵养智慧的教学方式，更好地实现“三个超越”，于是提出主题教学。立足于文本之中，从文本主题中挖掘出的促进精神生命成长的价值主题。让文本主题与生命主题相遇，产生精神的火花，价值主题得以浮现。好比窦桂梅讲过的《秋天的怀念》中的“好好儿活”，《三打白骨精》中的“向善”，《晏子使楚》中的“尊严”等。体现生命价值的这些语词——“主题”，富有生命的活力和精神内涵，它既是语言本身，又蘸染哲学、思想与文化意味；既是交流的工具，又是“立人”的载体，是体现人性、回归人性的“符号”。

《圆明园的毁灭》这节课的教学中有这样一个精彩的片断：

师：一天多少小时？（学生回答 24 小时）

师：三天三夜多少小时？（学生回答 72 小时）

师：一小时多少分钟？（学生回答 60 分钟）

师：三天三夜多少分钟？（学生回答 4320 分钟）

师：4320 分钟是多少个半分钟？（学生回答 8640 个半分钟）那么会烧掉些什么？

师：烧掉一幅历史名画只用几秒钟，烧掉一个建筑，比如“平湖秋月”只需几分钟。（放无声录像，是大火焚烧圆明园的镜头）“火烧”半分钟，想象会烧掉什么？（全体静默，出示画面：烈火熊熊，浓烟滚滚的半分钟）

师：这半分钟，感觉长吗？（学生答感觉长）

生：会烧掉许多精美的建筑物和画家、书法家的作品。

生：会烧掉许多华丽的丝绸和衣服。

生：会烧掉唐、宋、元、明、清历代的奇珍异宝。

师：把这 8640 个半分钟加起来，想象一下，而且是在一万多个会堂这么大的地方同时燃烧8640个半分钟啊。

师：至此，圆明园所拥有的一切，现在都“没有了”——（在黑板上的连接词前面加“没”、“了”。一边添加一边让学生跟读。比如，圆明园中，“没有了”金碧辉煌的殿堂，“也没有了”玲珑剔透的亭台楼阁……；没有了……，没有了……还没有了……）

师：下面出示书中的句子，请同学们用变化了的连接词再说话。

生：圆明园中，没有了金碧辉煌的殿堂，也没有了玲珑剔透的亭台楼阁。

生：没有了象征着热闹街市的“买卖街”，也没有了象征着田园风光的山乡村野，还没有了根据古代诗人的诗情画意建造的景物，如“蓬莱瑶台”、“武陵春色”。

生：园中不仅没有了民族建筑，还没有了西洋景观。

生：上自先秦时代的青铜礼器没有了，下至唐、宋、元、明、清历代名人书画、奇珍异宝也没有了。

师：还可以换一种说法，比如，金碧辉煌的殿堂——

生：“没有了”，玲珑剔透的亭台楼阁——“也没有了”。

生：象征着热闹街市的“买卖街”没有了，象征着田园风光的山乡村野也没有了，根据古代诗人的诗情画意建造的如“蓬莱瑶台”、“武陵春色”都没有了。

师：很好，你把这句最后的“还”换成“都”更准确了。（练说其他句略）正是（放映李大钊的诗句）——

生：“圆明两次昆明劫，鹤化千年未忍归。一曲悲笳吹不尽，残灰犹共晚烟飞。”（深沉地朗读李大钊的诗句）

师：作为法国人的作家雨果，是怎么看待自己国家的行为呢？（默读雨果的文章，找出文中的句子概括。）

生：“法兰西帝国吞下了这次胜利的一半赃物，今天，居然还天真地以为自己就是真正的物主，把圆明园富丽堂皇的破烂拿来展出。我希望有朝一日，解放了的干干净净的法兰西会把这份战利品归还给被掠夺的中国。”

生：“这个奇迹已经消失了。有一天，两个强盗闯进了圆明园。一个强盗洗劫，另一个强盗放火。一个叫法兰西，另一个叫英吉利！——雨果”

师：带着这样的感受再回过头来读全篇课文！（采用教师引读的形式，师生一起用上“没有了……也没有了……”等连接词，对全篇课文进行创造性地朗读。）

师：让我们永远记住这一天——1860 年 10 月 6 日。就是从这以后，圆明园化为一片灰烬，什么都没有了。（教师慢慢擦黑板，只留课题，其余都擦去，稍留残迹，全场沉默。）

至此，圆明园的毁灭所突出的“毁灭”主题全方位呈现在所有在场的人心中，学生们从文字中读出了毁灭——所有的名人字画、青铜礼器、各色建筑都毁掉了，圆明园成为一座废墟；从简单的计算中算出了毁灭——半分钟的时间会烧掉无数张名人字画，更何况是 8640 个半分钟，圆明园化为一片灰烬；从影片中目睹了毁灭，无数幢高大建筑在熊熊大火中无声地倒塌；尤其是教师和学生一起在“没有了……也没有了……”创造性的朗读中慢慢擦掉黑板上的板书，让曾经的文字在老师的动作中失去，并稍留残迹，也就是这最简单的举动，却恰恰是最独具匠心的存在，我相信，学生深深理解了什么是毁灭，怎么才是毁灭，毁灭后的事物到底是怎样的悲壮和苍凉。毁灭带来的震撼此时达到了顶峰！“毁灭”的主题就这样深深刻画在学生心里。

也许很多年以后，学生可能忘记了其中的某段文字，但是我相信，他忘不了“毁灭”带给他们的震撼和心中那份刻骨的伤痛。而这些激发出来的又是什么呢？是人精神的成长和境界的提升。

窦桂梅老师的课每一节都有这样的成长和提升。《村居》的“安居乐业”，《游园不值》中的“不值”，《卖火柴的小女孩》的“幸福”，《牛郎织女》的“美满”等等，这些散落在文本中的价值主题，通过主题教学中师生有效的、润物无声地言语涵咏，好比一粒粒饱满的种子，撒播在学生的心田，编织成一张夏洛的网。有一天，这些种子生根、发芽，长成参天的大树，最终内化为学生生命的价值取向，支撑起亲情、友爱、自尊、民族等生命的春天，这不正构成了儿童最壮丽的人生主题吗？

每次，大家很期待窦老师的课，总是被她的激情和智慧所感染，她课堂教学的最震撼之处，就是总能打破人们的习惯性期待，在文本解读、教学设计等方面走出多数人的视野，书写一片柳暗花明。那么，我们不禁要问，她的课堂与以往听到的那些课，有哪些突破呢？

我发现，窦桂梅用主题教学，与一般语文课的不同是，既遵循咬文嚼字的传统语文经验，又结合现代文本解读方法，以及人文情感熏陶；以系统论的结构框架，多线并行，但却融会贯通，水到渠成。其他语文形式的课，某一方面比较突出，但大多课缺少这样整体、立体的推进。她的课堂是立体的，自然学生的收获是全方位的。由于语文课堂结构的改变，儿童学习起来必然是兴奋的，不仅是有效的，也是高效的。

因为这沉醉，我们不禁惊呼，文本的解读可以有如此的高度，课还可以这样上！在她的课堂上，生活得失、爱情悲苦都在这方寸天地间演绎得淋漓尽致，师生都是剧中人，甚至忘记了这是在学习语文。

但细品之后，每一处都是从语文中来，到语文中去，可又超越了语文这两个字——从理性的文字中读出人物情感，把文字转化为个人体验，和文中人物同悲喜、共命运，并把这种体验表达出来，这应该是每一个学习语文的人所要追寻的目标。于坚说：“一首诗是一个塔，基础部分人人可以进入，修养决定你可以进入诗的哪一层。”我想，窦老师的课堂已经超越了人人可以进入的基础部分，而进入了精神享受的阶层。在享受中学习语文，让学生忘记自己是在学习语文，这是窦老师的境界，这应该是每一个小学语文教师的追求。

“以前我是教语文的，现在我是教人学语文的，更是用语文教人的。”窦老师如是说。我们期待着窦老师进一步的自我超越，尽早达到她所追寻的主题教学的理想境界。

王崧舟：要关注人性中最美好的东西

王崧舟也是一个我很敬慕的朋友和老师。与他的交往起于2001年的冬天，很有幸和他一起在华东师范大学国家级骨干教师培训班做了三个月的同学，三个月里，我深深感受到了他的博学与谦逊，感受到了他课堂之执著，思维之独到。课余时间，王老师耐心地向我们讲解什么是语感，和我们一起探讨语文的“人文情怀”。也就在学习间隙，浙江湖州邀请他上课，那是我们第一次走进王老师的课堂，我们看到的是一个儒雅又激情的人，《我的战友邱少云》《荷花》两节课下来，我深深感受到了江南语文的诗意和激情。尤其是《荷花》一课，王老师上得美轮美奂，情趣盎然。学生在潜心会文的过程中，荷花被拟人化了、情态化了、生命化了，一节课下来，虽然悠然心会，但却妙处难言，只有一种感动萦怀。也就是从这两节课起，我走进了王崧舟老师的课堂。于是《草船借箭》中“笑”的含义，《一夜的工作》中总理的情怀，《小珊迪》里诚信的花蕾等等一个又一个精彩开放在我和很多人心中。

语文是学生灵魂安顿的家园。这个家园不能是粗陋的、不能是坚硬的，它应该是柔软的所在，有温情的呵护和润泽。所以，语文中含满浓浓的诗意，语文教师只有让自己成为一个诗意的人才能真正成为一名语文教师。

王崧舟老师深深了解语文，所以，形成了他“诗意语文”的教学风格。关于诗意语文，周一贯老师是这样说的：

“当我们感佩他创导的诗意语文课堂时，会强烈地感受到他已不再把‘学语习文’单一地定格在技能操练的层面上，因为这只是一种不完全的精神建设。帕斯卡尔在《思想录》中把人的完全精神定性为‘几何学式的精神’（物质、理性的）与‘微妙的精神’（直觉、感性的）相结合。这便是‘诗心’。王崧舟的‘诗意课堂’正是他践行中的妙悟。他没有只睁大‘物’的眼睛而闭上了‘心’的眼睛，而总是把目光对着人‘心’，于是，对语文教学历来扑朔迷离的万物万理，都能从中参得生命的意义和洋溢的诗情。”

王崧舟老师又是这样说的：诗意，滋生于悲天悯人的情怀。从某种意义上讲，诗意语文是一种“宗教”。人性中最美好的一切，皆始于对生命、对自身、对他人的关爱和怜惜。诗意语文，正是要依托和借助一切“不朽的文字”，在童年时期为学生培植“善根”，为他们的人生涂上一抹温暖的底色。诗意语文，就是要使学生学会悲悯，学会怜惜，关爱生命，拥有一颗利他、向善的美好心灵，使人生的孤苦和伤感变成蕴藉温婉、缠绵悱恻的感动。

于是，王崧舟以他灵动、深邃的《只有一个地球》，以他深情、隽永的《一夜的工作》，以他儒雅、温婉的《长相思》，以他幽默、率真的《两小儿辩日》，以他精致、绵密的《二泉映月》，向我们一再昭示着他的诗意语文境界。

进入王崧舟的语文课堂，那是迟早要被“抓心”的。他的课，总是在不知不觉中形成一个强有力的“场”，这个场，不顾一切地裹挟着语文元素，或形象、或情感、或思想、或习惯、或知性、或智慧，将一切的人深深地卷入其中，或沉醉、或深思、或感动、或觉醒、或慨叹、或忘我，如坐春风、如沐春雨。

那是不容置疑的语文课堂，那又是被王崧舟的才情、悟性和底蕴完全审美化、艺术化乃至诗化了的语文课堂。

我想，最能诠释王老师课堂理想的是《慈母情深》：

师：好！我们继续交流，令“我”鼻子一酸的，还有哪些描写、哪些句子。

生1：（朗读）背直起来了，我的母亲。转过身来了，我的母亲。褐色的口罩上方，一对眼神疲惫的眼睛吃惊地望着我，我的母亲……

师：为什么发现母亲的这副神情，“我”会鼻子一酸呢？

生1：因为，我发现母亲非常疲惫，说明母亲工作十分辛苦。

师：（大屏幕呈现这个句子，以下简称“句二”。）好！我们一起来读一读这几个句子。

生：（齐读“句二”）

师：这几个句子写得非常特别，谁发现了？（对一生）你请。

生2：这几句话，每一句话中都有“我的母亲”。

师：“我的母亲”一共出现了几次？

生2：三次。

师：整整三次，一模一样。我们再来读一读，感受感受句子中连续出现的三次“我的母亲”。

生：（齐读“句二”）

师：谁的背直起来了？（对一生）你请。

生3：母亲。

师：请把话说完整，谁的背直起来了？

生3：我的母亲的背直起来了。

师：谁的身转过来了？（对一生）你请。

生4：我的母亲的身转过来了。

师：谁的眼睛吃惊地望着我？（对一生）你请。

生5：我的母亲的眼睛吃惊地望着我。

师：照刚才三位同学说的，“我的母亲”应该放在每个句子的最前面才是啊！但是，课文呢？作者呢？却把应该放在最前面的“我的母亲”放在了最后，是吧？

生：（齐答）是！

师：特别！写得太特别了！按照常理，“我的母亲”出现一次就足够了，而且，完全应该放在最前面才是。大家看！（大屏幕呈现）

我的母亲背直起来了，转过身来了，褐色的口罩上方，一对眼神疲惫的眼睛吃惊地望着我……

我们一起读一读。

生：（齐读此句）

师：孩子们，这两个句子，意思并没有变化。但是，相同的意思，不一样的写法、不一样的表达，什么发生了变化呢？请大家自由朗读这两个句子，体会体会两句话的味道有什么不同。

生：（自由朗读，各自体味。）

师：孩子们，读第一句，你读出了一种什么味道？而这种味道在第二句中却是感受不到的。（对一生）你请。

生6：第一句读起来好像感情更深一些。

生7：第一句感觉母亲很累的样子，而且我有点不太相信。

师：我不太相信什么？

生7：我不太相信这个人到底是不是我的母亲，一直到看清母亲的脸才相信。

师：你对文字有一种很敏锐的直觉。来，孩子们，我了解一下，大家看过电影吗？

生：（齐答）看过。

师：好，都看过。那大家一定都记得电影中有过的一些慢镜头吧？这样，如果用电影中的慢镜头和快镜头来比喻这两种写法，那么，哪一句带给你的是慢镜头的感觉？

生：（异口同声）第一句。

师：第一句，是吗？想一想，为什么要用慢镜头来描写母亲的神情呢？（稍顿）请大家闭上眼睛，用心想象，随着这个慢镜头的推移，你看到了什么。

生：（闭上眼睛，听老师的朗读。）

师：（深情地、富有节奏感地朗读）背直起来了，我的母亲。

孩子们，睁开眼睛，你看到了母亲一个怎样的背？（对一生）你请。

生8：极其瘦弱的背。

师：极其瘦弱的背。（对另一生）你呢？

生9：弯曲的背。

师：弯曲的背，佝偻的背。（对另一生）你呢？

生10：脊柱突出的背。

师：因为瘦骨嶙峋，你看到了突出的脊柱，你看到了一根根的肋骨。但是，不对呀！这是我母亲的背吗？在我的记忆中，我母亲的背可不是这样的啊！我母亲的背是——

生11：笔直的。

师：是笔直的呀！我母亲的背是——

生12：挺拔的。

师：对啊，是挺拔的呀！我母亲的背是——

生13：胖胖的。

师：确切地说，是结实的、丰满的、健壮的，这才是我记忆中母亲的背呀！可是，如今，现在，我分明发现，母亲的背不再挺拔了，不再结实了，不再健壮了。孩子们，我们闭上眼睛，继续往下看。

生：（闭上眼睛，继续听老师的朗读。）

师：（深情地、富有节奏感地朗读）转过身来了，我的母亲。

你看到了母亲的脸，孩子们，那已经是一张怎样的脸了？

生14：一张粗糙的脸。

师：粗糙的脸。

生15：布满了皱纹的脸。

生16：苍白的脸。

师：孩子们，这是我母亲的脸吗？这是我母亲的脸吗？我母亲的脸不是这样的呀！她的脸是——

生17：光洁的。

师：光洁，这才是我母亲的脸。她的脸是——

生18：美丽的。

师：洋溢着青春的朝气。她的脸是——

生19：红润的。

师：这才是我记忆中母亲的脸啊！她是那样光洁、那样红润、那样美丽。可如今，这张脸不见了，消失了。我们闭上眼睛，继续往下看。

生：（闭上眼睛，继续听老师的朗读。）

师：（深情地、富有节奏感地朗读）褐色的口罩上方，一对眼神疲惫的眼睛吃惊地望着我，我的母亲……

孩子们，你看到了一双怎样的眼睛？细细地看，慢慢地看。

生20：布满血丝的眼睛。

师：布满血丝。（对另一生）你看到了——

生21：疲惫的眼睛。

师：疲惫。（对另一生）你还看到了——

生22：一圈一圈的黑眼袋。

师：（点头）这是我母亲的眼吗？孩子们，母亲的眼睛曾经是那样的——

生23：炯炯有神。

师：没错。曾经是那样的——

生24：清澈

师：对呀！曾经是那样的——

生25：有魅力。（众笑）

师：母亲的眼睛会说话呀！然而，这一切，如今都已经不复存在了。此时此刻，我第一次真真切切地发现，母亲的背不再坚挺，母亲的脸不再红润，母亲的眼睛不再清澈、不再炯炯有神。母亲啊，我的母亲！你怎么会变得如此憔悴、如此瘦弱、如此疲惫？（稍顿，全场一片静寂。）

师：来！孩子们，我们一起再来读一读描写母亲神情的这段文字。怎么读呢？我读三次“我的母亲”，其余的文字你们一起读。好！

带着你刚才的种种想象、种种疑惑，我们一起用自己的朗读来重现这个慢镜头。

生：（齐读）背直起来了

师：（低声朗读）我的母亲

生：（齐读）转过身来了

师：（语调上扬）我的母亲

生：（齐读）褐色的口罩上方，一对眼神疲惫的眼睛吃惊地望着我

师：（语势下挫、语速放缓）我的母亲

这样的教学视角，如何不让人拍案叫绝？《慈母情深》这篇不短的文字，在王老师的课堂上被凝练成了“鼻子一酸”一个词，又被拓展成“震耳欲聋”“我的母亲”“立刻”“塞”几个词。在这提炼和拓展中，我们看到了课堂本身的张力。不！看到了文本的张力和学生情感的张力。是什么构成了强烈的情感冲击？是语言和画面。在这个片断中，母亲的后背、母亲的脸庞、母亲的眼睛在老师和学生的品读对比中变成了一幅幅画面，一幅幅今昔对比着的画面。这是什么？这是对文字的感悟，从一句平实的话中读出丰富的内涵；这是什么？这是情感的熏陶，虽然没有“爱”字出现，虽然没有“向母亲的极力表白”，但是，任何一个在课堂上亲历母亲的人都会为这位母亲感叹，都会想起自己无私的母亲。

这就是王崧舟老师的课堂，儒雅、细腻、舒服，沐浴其中，如春风化雨；热烈、奔放、震撼，行走其间，如交响激荡。读王老师的课，让我们深深敬慕的不仅仅是他诗一样的语言，诗一样的文本解读，诗一样的教学结构，更是他对语言文字超乎寻常的敏感。阿基米

德说："给我一个稳固的点，让我站在上面，我就能够撬动地球。"而王老师的高妙之处就在于无论是哪一类课文，他总能找到这样一个"阿基米德点"——《慈母情深》中的"鼻子一酸"，《长相思》中的"相思"，《一夜的工作》中的任劳任怨，《草船借箭》中的"笑"……并借这样一个支点把自己移出文本，带领学生从一颗沙里看出一个世界，从一朵花中找到一座天堂。

诗意语文追寻让学生诗意的栖居于文字之中，进而诗意的栖居于大地。这种诗意的栖居必须要求课堂形式的简洁而明快，简约而丰满。有这样一个支点，诗意不是飘游在空中的虚无，而是呈现于课堂上的客观实在：在引领学生掌握知识、发展能力、养成习惯的过程中，启迪智慧、陶冶性情、温暖心灵、充盈精神，最终达成生命的自我实现。

这就是王崧舟，诗意地学习着，诗意地教着书，诗意地安居于小学语文的园子里。走进他，感受到的是一种心灵的安宁和纯静。王老师说：我有一个梦——"让语文教育成为生命的诗意存在"。

新课程的时代是百花满园的时代，小学语文界更是如此。在今天的小学语文的舞台上，不仅还活跃着于永正、支玉恒、贾志敏这几位老一辈导师，也不仅仅有王崧舟、窦桂梅，太多的名师都在这方舞台上展现着精彩。薛法根的板块教学诠释着语文基本的内涵，深得专家和一线教师的双重喜爱；孙双金"语文教学能修炼得如此严谨而不失潇洒，灵动而兼得高效，并以'美丽课堂'著称，确是名至实归。"(周一贯先生语) 可惜二位老师的课我听得很少，以至于不敢妄加言说。除他们几位老师以外，目之所及，语文教学的园地里的确百花争艳：周益民的课堂让我们感受到的是宁静和淡雅，张康桥的课堂让我们看到的是个性和突破，闫学的课堂温和中含蕴着文化的魅力，盛新凤的课堂和谐纯净又美丽，王文丽的课堂灵动又轻盈，赵志祥的课堂幽默，妙趣横生……

让我欣慰的是，我也有幸成为这团队中的一员。我用自己对教育、对语文的理解诠释着属于我的课堂。20年来的小学语文教学经历让我逐步明确了语文教学的最终目的不是语文知识掌握的多少，也不是语文能力的高低，而是学生生命的健康成长，所有的知识、能力、情感都如小溪一般汇入到生命的长河中，成为丰富滋养学生生命的支流。于是，从2005年踏上全国舞台的第一节《检阅》开始，“生命语文”就成了支撑我语文教学的理念。《四川教育》的余小刚老师用“清劲爽利”四个字来概括我的课堂特色。他说：“从审美的角度看，武凤霞的课兼具柔性之美和刚性之美，在其‘生命语文’光照下，师生在和谐的对话场中，把符号意义拆解为需要的信息，并内化为语文的盛餐，生命成长的盛餐，在足可聆听生命拨节韵律的场景中，阳光来过，雨露来过，激情、温馨、风趣、端正……宛若心灵曾经太阳雨，清新、活泼、明亮、爽利。”“从课堂流程看，武凤霞的课多以从容舒展的对话场营构开始，宛如定下了明快的基调，然后触及文本信息，在读与说中获取信息意义，求得包括学习策略在内的课堂的最初价值，再在相机生成的信息筛选中，以独特的视角契入文本的深层内涵，或疾风劲吹，或艳阳高照，或雨帘如线，持续劲健地推进思维深度撞击，生成生命个体发展的养料，于是，语言的、精神的、肌体的、心智的，以获得不知不觉的发展而爽然，并由此形成一种自觉的期待。这样的课堂，美得清劲爽利。”余小刚老师从欣赏的角度来看我的课堂，我知道其中不乏褒扬之词，但这些褒扬又成为支撑生命语文的基石——真实，厚重，完整，舒畅……

当然，这样流派纷呈的教学现状，有人批评，有人称赞。但就我个人而言，我持赞赏态度，因为，任何一种流派的兴起，没有相当的教学实践，没有一定深度的教育反思都是不行的，从这些教学流派中，我们看到了教师的教育理想，看到了一线教师对教育的情怀。不会再有一种教育模式统帅天下的格局，这应该是社会的进步，应该是教育的进步，应该是每一个教育人所期待的局面。也许中间会有人走弯路，但是，任何一种事物都是在实践中完善的，我们应该期待，期待小学语文因为有了这许多痴心的人而更加丰富多彩。

生命课堂的思考与实践

——在全国“生命课堂研讨会”上的发言

引　子

把教育和教学提升到关注学生生命的层次去认识，我们对每天的工作就多了一份敬畏，对学生就多了一份理解。

无论我们是哪个学段的教师，无论我们任教哪一门学科，我们其实就是和学生一起走过我们的生命，也一起走过学生的生命。

让生命在教育中健康成长，应该是所有老师应尽的责任，也同样是所有学生应该享受的权利。

所以，关注生命应该是所有教育的最终归宿。

课堂是学生生命成长的主阵地。我们在思考中实践着，又在实践中思考着，于是，我们眼中的生命课堂应该有着这样的内涵——

生命课堂的内涵

关于生命课堂的内涵，肖川老师的《教育的力量》一书中的《生命教育的三个层次》一文中这样解读：

生命教育的宗旨在于：捍卫生命的尊严，激发生命的潜能，提升生命的质量，实现生命的价值。“关注生命，尊重生命，珍爱生命，成全生命，敬畏生命”构成了生命教育的目标。

文中，肖川老师把生命教育划分为三个层次：

第一个层次：生命教育的价值追求——不仅要对学生的升学考试负责，更要为学生一生的生命质量负责，要为学生的人生幸福奠基。

第二个层次：生命教育作为教育的存在形态——生命教育就是为了生命主体的自由和幸福所进行的生命化教育。是引导人走向美好和完善的教育。

第三个层次：生命教育作为教育的实践领域。

肖老师是教授，他用语言文字为我们描述的生命教育是理性的。我是一线教师，我的任务是把这一教学理想转化为、分解为可以操作的目标。我们学校在实践生命课堂的过程中把它细化成了三个层次，分别是长身体，善学习，会生活。

第一个层次：长身体

“生命课堂”的终极目标是人的健康成长。而这里的健康成长首先就是身体的成长。我们认为，关注学生“长身体”绝不仅仅是体育老师的事情，它应该是所有老师的职责。所以，关注学生身体的健康生长应该是生命课堂最基础的关注点。我们要求老师们在课堂教学中从两个方面来关注学生身体的成长：

一是关注学生学习的姿势。我们经常看到学生在听课的时候歪歪扭扭，站起来发言没有一个端庄的姿势，写作业歪着小脑袋，趴在本子上，甚至站起来读课文也不知道把书本拿起来，只是尽力弯下腰去念文中的字。所有这些问题，都应该是老师们每天都能看到的，但又是很多老师见惯不怪的事情。我们的生命课堂上要求老师们从这些看似不起眼的细小的行为习惯开始关注，帮助学生养成良好的坐立行走的姿势，让良好的气质养成从现在开始。二是关注学生读说的声音。孩子的声音往往是老师们忽略的，但又的确是每一位老师应该关注的。有的孩子声音小，让你侧耳细听依然听不到；有些孩子的声音大，大得震耳欲聋。我们经常可以看到有的孩子在读课文的时候小脸涨得通红，脖子上青筋暴起。让我们感觉到学习是一个力气活。为什么会有这样的情况出现呢？我想，也许是孩子想表现自己，也许和老师的要求有关。我们经常听到课堂上老师这样要求学生：让我们大声读课文，让我们比比哪一组的声音最响亮，等等。无论是哪一个原因并不重要，重要的是我们学生尤其是低年级的学生，有的孩子声音是哑的。“不能让每一个学生的嗓音在我们的手中变哑”“让孩子们用最舒服的声音读书和说话”，这是生命课堂实践中所有老师都必须遵循的原则。

第二个层次：善学习

“长身体”对每一个学生都十分重要，但它又不是学校教育最主要的目的。学校教育还有一个很重要的工作——帮助学生掌握更多的知识，形成更强的能力。所以，关注学生生命发展的课堂一定是要培养学生“善学习”的课堂。“善学习”是一个内涵空间十分大的词，我们把这个目标分解成四个方面：

学会倾听，学会交流，学习思考，学会表达。

其中倾听处于善学习的第一位。关于倾听，佐藤学有一段经典的论述：

“相互倾听是互相学习的基础，教师往往想让学生多多发言，但实际上，仔细地倾听每个学生的发言，在此基础上开展活动，远远比前者更重要。……倾听这一行为是让学习成为学习的最重要的行为，善于学习的学生通常都是善于倾听的学生。只顾自己说话而不善于倾听的儿童是不可能学习好的。”

可见，倾听，在学生学习中十分重要。但是很多学生又恰恰不会倾听。走进教室就能发现，凡是学习习惯好、学习成绩好的班级，学生都是会听课的。而成绩不好的班级，同学间的倾听行为往往也比较差。

那么怎么帮助学生学会倾听呢？我们的方法是：

1. 不仅用耳朵听，而且用眼睛听。要求学生在课堂上要看着老师，目光随着老师的身影而移动。同学发言，尽可能侧过身子看着发言的同学。实践证明：只有当你注视着说话人的时候，你的注意力才是最集中的时候。而且，看着说话人也是对说话者的一种尊重，是一种很好的行为习惯。

2. 重复问题或者答案。在练习倾听的过程中，教师在教学的重难点处，在学生发言的时候，采用提醒、重复发言等方式养成他们的倾听习惯。开始的时候，老师可以在学生发言前提醒：“听他发言，一会请大家谈谈你的看法。”“认真听，一会请同学们重复他刚才的发言。”经过一段提醒后，大部分学生会具有倾听的潜意识，有了潜意识，学生也就养成了倾听的习惯。

第二，学会交流。在这里，我有意识回避了“学会合作”这个词语。为什么呢？我个人认为，小学中合作学习还是一件很难以操作的事情，很多小学课堂上的合作学习更多是在走过场，也不是老师们不愿意认真投入地做，而是因为两个限制：一是时间的限制，一节课只有四十分钟时间，合作时间短了，没有效果；合作时间长了，教学任务完不成。二是小的问题没必要合作，大的问题合作不了。也许正是受到这样的学习实际的限制，致使“合作学习”这样一个很好的教学理念在小学课堂教学中处于一种尴尬的境地。

即使小组合作学习在一个老师的课堂上真的呈现出来了，走进去就会发现，所谓的合作一般就是一个人说完另一个人说，至于对别人的发言有没有补充和建议就不管了。还有的时候，尤其是两人小组在合作的时候还会出现两个人一块说，谁也不听谁的，只管自己说完，合作交流的任务就算是完成了。所以我们认为，合作学习对于小学阶段的孩子们来说，最急需解决的问题是“交流”。交流也是有方法的，交流和倾听是相互联系的，一定要一个说一个听，而听的人在听完以后要为说的人提出意见、建议，或者对发言人进行肯定，并简单说出为什么肯定他，他说的好在哪里。然后两个人交换角色，刚才说的同学听，听的同学说。这样就能使交流落到实处。

第三，学习思考。这是衡量学生是不是善于学习的很重要的指标。关注学生生命发展就必须要关注思考力的培养。但现实中让学生积极主动思考是教学中的一件比较困难的事情。我们经常见到学生面容呆滞，目光无神，不用问就知道没有思考。但是如果你仅仅要求他们：你要好好想，认真想，他们依然不想。为什么？原因有二：一是不知道怎么想；二是没有想的欲望。针对这些原因，我们拿出这样两条对策：一是要求老师的问题空间要大，要具有挑逗性，能唤起学生思考的欲望。二是老师要教给学生思考的方法。比如，让学生欣赏一个片段，开始的时候我们就应该教给学生可以抓住字、词、句、标点等方面欣赏，也可以从文章所描述事物的颜色、动作等方面欣赏，学生知道从哪些方面欣赏了，看到一段话也就知道从哪些方面着手思考了，也就有了欣赏的能力了。

有学生思考的课堂上我们才能感觉到学生生命的拔节，课堂上才能呈现出生命成长的律动。

第四，学会表达。教学中我们经常发现学生说半句话，你问他一个问题，他就答一点。这篇文章有几个自然段呢？学生站起来直接了当的回答：五段。第一段有几句话呢？又一位同学简练的回答：三句。像这样的回答虽然正确，但很明显不完整，所以，这不叫会表达。教学生学会表达，就要求我们老师不能够把学生的回答定位在“对”和“不对”两个标准上，而应该定位在他回答的完整、全面的标准上。一定要让他们说一句完整的话。

还有的时候，面对老师提出的问题，学生回答得乱糟糟的，所以我们经常会听到老师说这样一句话：“哦，你说的我听懂了，是不是这个意思？”老师再把学生的发言用自己的语言讲述一遍。这说明什么呢？说明我们的学生在表达的时候言而无序，不能用准确的语言表述自己的想法。这个时候，老师不要急于替学生表述，也不要似是而非地走过，要教给他表达的方法，告诉学生：这段话的意思这位同学基本上表述出来了，但是该怎么说才能够说得更清楚呢？老师可以做引导：先说什么，再说什么，接着说什么，最后说什么。也可以让同学们自己说，试着组织语言，把话说清楚。把话说清楚的过程就是学生学习表达的过程。

第三个层次：会生活

生活和我们课堂有什么关系？有着密切的关系！课堂是小的社

会，孩子们在课堂上学习，其实就是在学习生活中需要的知识和需要具备的能力。当然，我们每一个学科都有每一个学科的性质，不可能都上成社会实践课。很多生活的能力或者说生活的品质是从语文课文中获得的，是从数学学习的过程中获得的，是在和同学一起练习齐步走的时候懂得的。比如说：尊重。我们的学生会尊重吗？很多时候不会。一个突出的表现就是不会听，老师在上面讲课，学生在下面说话，就是对老师的不尊重。对同学也是如此。尊重是什么呢？尊重是一种修养。再比如说：宽容。宽容任何一个跑步不协调的同学，宽容任何一个回答问题出错的同学。比如：感动。感动课文中精彩的描述，感动学习中出现的细节。还有善待他人等一系列的良好的生活品质，都是在课堂上在一种不经意间耳闻目染，在不知不觉间形成的。

理解了生命课堂的内涵以后，我们是怎么打造生命课堂的呢？

打造生命课堂的实践

在打造生命课堂的过程中，我们遵循的原则是：在理解的基础上实践，在实践的基础上反思，在反思的过程中交流，在交流的过程中提升。

一、理解生命课堂的含义

关于生命课堂的理解，对我来说是一个思考了很久的问题，但是我知道，我的理解不等于大家的理解，在大家都没有思考的时候我的讲解只是浮于他们表面的理论，或者仅仅是学校的要求而已。不能够唤醒他们深层次“我要实践”的需求。为了调动每一个人的思考，让他们感觉到，打造生命课堂是学校每一位老师的责任，我们分成语文、数学、综合三个学科进行研讨，研讨的主题是：生命课堂上我们应该关注什么？在交流中每一位老师都进行了比较深刻的思考。在他们思考的基础上我做了《生命课堂上我们需要怎么做》的报告。在全校老师心中明确了“长身体，善学习，会生活”的生命内涵。

二、分阶段分目标突破

我们想到，如果把生命课堂的三个层面的关注点一下子注入到老师们的课堂中，大家一定会手足无措，一定会顾此失彼，结果依然会什么也没有抓好。为了避免这种情况的发生，我们分阶段分目标突破。把实验分成轮，每一轮分三个阶段。

第一个阶段，时间是三周，主要重点实践“长身体”，要求老师们重点关注课堂上学生学习习惯的养成——坐姿、站姿、读书的姿势、发言的姿势、说话的声音、朗读的声音等方面，学校的听课和检查也主要关注这些内容。而其他两个层面能训练的就训练，但不是我们检查的范围。在这个实践过程中，我们开展了教研组长示范课，让老师们现场观摩教研组长在课堂上是怎么关注学生习惯养成的。我最欣赏房明丽老师的课堂，原来这个班学生爱动，习惯不好，我还为此把老师批评过几次。这一次，很明显感觉到，孩子们掌握了听课的方法，学习效果十分好。第二个阶段，时间也是三周。重点关注“善学习”。这就要我们走下班级听课。真实考察教师教学中的培养意识和实践情况。在这一过程中我们举行了科室主任示范课。第三个阶段，“会生活”。时间依然是三周。通过生命课堂优质课比赛检测实践研究的成果。

三、在反思研讨中提升

任何一种实践只有在反思中才能突破，只有在研讨中才能提升。为了让一个人的智慧变成大家的智慧，我们分两种形式进行交流研讨。

形式一：每一个阶段结束以后，各学科老师集中在一起进行交流。这一活动的特点是参与发言的人数多，学科涉及范围宽，交流内容很多是技术操作层面的。这样，方法的数量在碰撞中就成倍增长了。

形式二：依托于学校的一个常规教研活动——子路讲坛。这项业务活动已经进行了两年，我们请进来不少的专家名师，对老师们进行教育理念的熏陶。生命课堂实践以来，子路讲坛由年级组承办，主题都是生命课堂研讨。年级组的老师们在年级组长的带领下抓住一个方面深入探讨下去，既有自己的做法，也谈支撑起的理念，还交流实践中的困惑。对老师们既带来实践的深入思考，又带来理论的提升。使生命课堂的研讨不做凌空虚蹈，根植于大地，在实践中拔节。

各位专家，老师们，在我们学校老师的心中有这样一个理念：要想成长得快，就要把校长要求做的事情亲自实践。老师们都希望自己是一个“穿着发光的鞋跑得最快的人”。有这样一批努力实践的老师，我们有理由相信，我们的生命课堂会做得更好，我们生命教育的研究会发展得更好！老师们，让我们共同期待：我们的老师和学生都能在生命课堂的实践中收益，并一同成长！

行走在公开课的舞台上

20年的教学生涯中，我经历了无数个公开教学的课堂，从学校的优质课到市、省的优质课，再到全国范围内的观摩教学，踏着公开课的台阶，我一步一步走到了今天。回眸这一路走来所经历的课堂，有成功也有失败，有经验也有教训。最难忘的还是这几节课：

最具挑战性的一节课

时间：2000年8月

地点：呼和浩特

这是我第一次代表河南参加大型教学观摩活动，活动的全名是——六省区一市小学语文阅读教学观摩，我执教《火烧云》。我的课安排在第二天上午。第一天理所当然在现场听课，于是，我看到了最不愿意看到的现象——因为紧张和害怕，无论教师如何调动，同学们就是不肯举手发言，几位老师着急又无奈。

这让我十分担心和我一起上课，学生们的学习状况。为了鼓舞他们的士气，第二天一早，我亲自去学校带他们到会场，远远就看到很多孩子在校门口站着。因为已经见过面，所以很多孩子老远就向我打招呼，很快乐的样子。其中一个高个子男孩在津津有味地吃着一个卷了很多菜的大饼，看我盯着他笑，就坚决要买一个送我尝尝，我好不容易拒绝了。路上，孩子们承诺要好好发言，展示最好的自己。

最先开始的照例是课前谈话。我问了一个很简单的问题："台下坐的老师们来自七个省市，很多老师是第一次到呼和浩特，你们有什么话想对老师们说吗？"刚才活泼可爱的孩子一下子都不说话了。我巡视了一圈又一圈，大家都把眼睛低下来不和我对视。这时，我想到了那个要给我买大饼的孩子，于是走到他身边："你是我的朋友，你一定有话要对大家说。"边说边把话筒递给了他，男孩子接过话筒对着台下大声说："老师们，我们这里的大饼很好吃，下课后我请你们吃大饼。"台下老师哄堂大笑，我凑着这股热闹马上接口说："老师们会后请到大门口排队，等着吃大饼。"这一次台上台下的笑声融合在了一起。其他学生看到随便说老师就很喜欢，于是都来了精神，说了很多精彩的话，博得了老师们阵阵掌声。

课前僵持的局面就这样打开了。我从心底感谢这个男孩子，感谢他的调皮和可爱、热情和稚气，也正是因为有了他，很多学生忘记了紧张，褪掉了拘谨，一种轻松和谐的气氛悄然蔓延在整个会场，也蔓延在所有学生心中。想到有的年轻教师公开教学中喜欢挑选纪律好、学习成绩优秀的学生和自己一起学习，其实，公开教学中的很多意想不到的精彩是由一些调皮可爱的孩子创造出来的。

本以为教学就可以顺利进行了，没想到更严峻的考验在上课开始就来到了我的面前。为了避免昨天上课时没人举手读书发言的尴尬，我请一竖排的学生一人一段读课文，但是，没想到第一个孩子说什么也不站起来，还振振有词——"老师，我就是不喜欢读课文，我从来都不读”“老师我读不好”“老师不要让我读了”……所有的老师和同学们都看着我，台上台下一片寂静，那是屏息凝视的寂静，我知道，这安静中包含着什么。我掩藏起心中的焦急，微笑着一遍遍鼓励着他——“没在这么多人面前读过课文没关系，试一试，你会发现自己真的很棒!”“老师相信你一定能读好!”“读不好没关系，还有老师的帮助呢!”……这样僵持了大约两分多种，这个男孩终于站了起来，短短一段话让我纠正了五次。即使这样，我依然热情洋溢表扬他——“看！谁说你不会读课文，读得多好啊！声音这么动听，就连台下的老师也在为你鼓掌呢!”听课的老师马上送上了热烈的掌声。没想到，老师们热情的掌声成了这个孩子学习的催化剂，在接下来两节课的学习中，他发言十分积极，一改上课之初的那种胆怯的状态，他的情绪也影响到了其他人，整节课学习氛围十分融洽，学习效果非常好。孩子们的想象、表达得到了老师们一次次热烈的掌声。我上的《火烧云》一课就这样印到了很多老师心中。

将近十年的光阴过去了，到今天我依然庆幸自己在那个男孩面前没有放弃，庆幸自己的坚持。也许正是那两分钟的坚持给了他和同学们学习的信心，给我带来了意料之外的精彩。

十年来，我从没有忘记过那两个孩子，对他们满怀着深深的感谢，是他们让我明白教师的不放弃对学生的重要。算算，他们已经是大学生了，真想见到他们问一句：十年来，你们还好么？

最具考验力的一节课

时间：2002 年 10 月

地点：北京

2002 年 10 月，第二届两岸四地小学语文阅读教学观摩活动在北京召开，大陆选择了六位教师代表和港澳台的老师们同台上课，我是其中一位，执教朱自清先生的经典作品《匆匆》。

备课从暑假就开始了。这是濮阳教师第一次代表河南参加全国规模的研讨观摩课，所以，从学校到教育局教研室都非常重视。在大家的共同商议下，我把公开课的教学内容定在第二课时，为的是避开不容易创新的初读课文、学习生字、把握文章主要内容等比较平淡的、普通的环节，直接进入容易创新、容易出彩的课文教学。教案在一遍遍的试教中几经修改，最后在第七稿的时候尘埃落定。

本以为，这节课就要按照我们的设计思路上了，没想到，会议举行前一个星期的时候，主办这次会议的全国小语会来了通知，让我们大陆的作课教师都到北京接受崔峦、蒯福棣老师的亲自指导。这可真是一件意料不到的惊喜！于是，急忙忙带着自己的教案到了北京。那一天上午，两位老师认真听我们说课，然后一个一个认真指导。轮到我说课的时候已经是中午 11 点半了。我赶紧拿出教案，专注地看着两位老师，准备记下专家的好建议。没想到，崔老师第一句话就对我说："你们几个人上的都是第二课时，这样不好，我和蒯老师的意见是你改教第一课时，要求你在教学中体现学生扎扎实实读书的过程，呈现生字词的学习步骤，课文教学要遵循'以学定教，顺学而导'的原则设计。"改教第一课时？体现以学定教、顺学而导的原则？崔老师的话还没说完，我就感到了头有点发晕。什么是以学定教、顺学而导？怎么做才是以学定教、顺学而导？也许是崔老师看到了我迷惑的神态，于是就进 步解释说："在你的课堂上，我们希望你尝试一下新的阅读教学模式，放开手让学生提问，他们提什么，你就解决什么，让你的课堂跟着学生学习的需要走。"我认真听着两位老师的意见，认真地思考着，我多么希望他们教教我到底该怎么做，但是，两位老师说完建议后就站了起来，说：“好了，你自己去思考思考，想想怎么备课，我们该去吃饭了。”

“可是，崔老师，我还不知道以学定教、顺学而导的课该怎么上呢？”我着急了。“你自己思考思考，备备课。不着急，先吃饭。”蒯老师慈祥地对我说。

我哪里会不着急呢？我感觉自己一下子回到了零起点。哪里还有心思吃饭呢，只想快点琢磨以学定教、顺学而导的课该怎么上。于是，饭没有吃完就急匆匆回到自己的房间思考教学设计。三点半钟，房门被敲响了，崔老师让我们去见学生，而且不能不去。无奈，我只好放下刚写了一半的教案到了北京小学，见到了明天试教班级的孩子们。让孩子们预习什么呢？因为教案没写好，心中没数，所以就带着他们把课文读通顺，一节课没有结束，我已经和同学们告别了。

晚上又是一番苦苦思索。凌晨一点钟的时候，教案终于写完了。

第二天在崔老师和蒯老师及其他几位老师面前试教，一开始从学生对朱自清的了解入手引出《匆匆》，接着是常规的读课文，检查生字，然后，放手让学生提问，学生的问题提得很广：

生：我不明白朱自清为什么说“我留着一些什么样的痕迹……”朱自清年轻的时候写了这么多文章，这些文章让他成为国人心中的散文大家，所以，他可以说是成绩斐然。但他为什么却说自己只留下了如游丝一样的痕迹呢？

生：朱自清先生文章写得非常好，收获也很多，但他为什么却说自己越来越空虚了呢？

生：我不明白平时的生活都是色彩斑斓的，为什么朱自清说他的生活没有声音没有影子呢？

生：我觉得他的生活应该很有意义的，为什么却说茫茫然呢？

生：朱自清先生说“他们给了我多少日子”我不太清楚他们指的是谁？

生：朱自清一生是非常有成就的，他为什么说白白走这一遭呢？

生：我觉得第三自然段写得特别好，把时间写得很匆匆，但不知道用的是什么手法。

生：朱自清的这篇文章里写了十一个问号，但他并没有回答这些问题，我想知道他们的答案是什么？

……

然后我把这些凌乱的问题梳理归类。

师：同学们真棒，你们让我看到了北京小学的风采。问题提得特别好，不仅涵盖面广，而且有深度，有难度。老师总结一下你们的问题有三类，第一类词句，第二是写法的探究，第三类还涉及到了思想感情和这篇文章写作的时代背景，我相信这些问题在我们读书的过程中都能解决，我们先来读读第一段，仔细地体会体会，读了第一段你知道了什么？开始吧。

接下来的教学就顺着这样的思路往下走。几位老师的课都上完后，进入评课环节。我们都忐忑地等待着，既希望两位老师帮我们认真修改，以期得到更大的提高，又担心课上得不如两位老人家的意。终于该说我的课了，心的忐忑声我自己都能听得到。崔老师看了看我，表扬我备课时间最短，却让他最满意。说课堂上，他能感到老师心中很有数，一个一个问题接过来一点也不忙乱。崔老师说了很多，还提出了修改的意见，听着两位老师中肯的建议，我终于如释重负。

一个星期后面向港澳台及大陆老师的现场教学让很多老师感到了

眼前一亮，全国小语会在本次活动的总结文章中，称我执教的《匆匆》上出了阅读教学的新意。

用一天的时间备一节课参加这样高规格的观摩是我从来就不敢想的事情，结果却在不经意间做到了。后来想想，不是我聪明，是原来备课中我已经把教材烂熟于心，教材中的训练点也清晰明了，再加上机会面前，将身一跃的勇气，就让这节最具考验力的课作为足迹留在了我的教学生涯里。

最沮丧的一节课

时间：2005 年 8 月

地点：成都

这一次是应邀到成都讲课。我执教肖复兴先生的《荔枝》。台下坐着的不仅仅是来自四川几个地市的老师们，更有一些我网络上的朋友。他们来自不同的地域，也来自高中、初中、小学三个不同的学段，他们是一群少有的思想者，拥有先进的教育理念，有的甚至是在全国十分有影响的名师专家。

教学开始了，我依照事先准备好的教案一步一步清晰地走着，六年级的学生已经有了比较强的理解表达能力，所以，教学进行得很顺畅，我的心在课堂上行走得很轻盈。

“请同学们找出你感受最深的句子划下来，想想你体会到了什么？一会我们来交流。”同学们按照我的要求读书、批划，十分投入，我在他们中间巡视。交流汇报开始了，他们谈体会，想象，朗读，一切都在按预定计划进行。一个男孩子站了起来，他说：“这是一种比海棠大不了多少的小果子，居然每个都长着疤，有的烂了皮，只是让母亲一一剜去了疤，洗得干干净净。每个沙果都显得晶光透亮，沾着晶莹的水珠，果皮上红的纹络显得格外清晰。不知老人家洗了几遍才洗成这般模样。”这一段话让我印象深刻，我感到，这一盘处理过的沙果，晶莹透亮，虽然每个都长着疤，但却是那样美丽。

我接过他的话，向深处引导——“这些沙果疤疤拉拉，说真的不漂亮。我想知道，你为什么说是漂亮的沙果呢?”

同学们纷纷举手——因为这是母亲亲手剜掉了疤，不知洗了多少遍的果子，是母亲的劳动让这些本来很丑陋的沙果变得美丽起来。

我若有所思地说：“也就是说儿子从这干净的沙果中感受到了母亲的苦心——为了让儿子喜欢吃，她把那一个个烂了的沙果洗得那么干净。沙果变成了母亲的心，在儿子的眼睛中当然是美丽的。谁来读读这几句话?”

学生开始了朗读。

这时，我无意中向台下望了一眼，我看到，我的那几个思想新锐的朋友都在直直地伸着脖子，目不转睛地望着我。脑子中突然蹦出了一个我十分敬重的名师朋友说过的一句话：“我可不敢在这些人面前上课，因为，我害怕他们一边听课一边评价我——这个问题很没水平，这个问题根本不需要提……”

想到这里，我的注意力一下子散掉了，也开始担心他们对我会是什么评价，于是，我开始失掉了底气，丧失了自信，课堂就这样陡然间滑了下来，最终以失败结束了这节课。

这是我自上公开课以来最难堪的一节课，我甚至不知道自己是如何走下的主席台。后面的沮丧可想而知。

课后，一个朋友还对别人谈起我的这节课，他的评价是“前半节很不错，不知为什么突然间就乱了。”

他不知道为什么，但是我心中很清楚。这一次失败带给了我一个深刻的教训：课堂上，教师的任务就是和学生一起学习，任何与学习无关的事情都应该排除在思考范围之外。不要管台下坐的都有谁，我们只管坚信我们的教学设计很棒！当我们心地纯净的时候，教学才能变得顺畅、纯净。

最让我感谢的一节课

时间：2005 年秋天

地点：濮阳

《检阅》是真正带着我走向全国小学语文教学舞台的第一节课，它应该是我语文教学的分水岭。从这一课起，我才开始了真正的文本解读，开始思考和实践关注学生生命发展的课堂。

因为是第一次，所以，解读文本走过了一段比较艰辛的路。

第一次试教对文本意义的领悟放在“关注残疾人就应该给他们和普通人同样的机会”这一层面上，教学效果很好，学生学习得很是轻松快乐。但我总感觉到，这样的解读还缺了点什么，但是又说不出来，只是感觉不到位。

于是，我再次读书，一遍一遍地读，边读边思考，“同学们为什么让博莱克参加这次检阅?”“在检阅中他们会遇到哪些困难呢?”“这次检阅会给博莱克带来什么影响呢?”“他们会记住这次检阅么?”“检阅会带给同学们、带给博莱克什么收获呢?”“观众为什么称赞他们呢?”等等，在这许多问题的纠织中我突然发现，这次检阅不仅仅是一次队伍的检阅，还是对同学们心灵的检阅，更是一次人生的检阅。

于是，第二次教案我从“这个小伙子真棒!”和“这些小伙子真棒!”入手，升华检阅的价值，为了达到这一目标，课堂上我尝试着让学生从感性的语言文字中提炼抽象思考，结果学生学得很累，我也教得很累。试教后，我反思问题之所在，最后发现，是提得太高，教学过于理性化。

怎么避免这种情况呢？我继续读，继续思考，继续提问。“这篇文章的主人公是谁?”“作者和编者想弘扬的是什么?”“博莱克该不该参加这次检阅?”“艰苦的训练会不会带给他其他的伤害?”“同学们讨论要不要博莱克参加检阅时博莱克在哪里?”“队员们为什么让他站在第一排?”“为什么没有人征求博莱克的意见?”“博莱克自己是什么想法？为什么文章中一字没提?”“博莱克参加不参加这次检阅应该由谁来决定?”“博莱克在检阅中站在队伍的什么位置应该由什么来决定?”又是一系列问题。

这一次的思考让我发现了文本本身存在的问题，这篇文章的主人公是谁？从篇幅上看应该是儿童队员，但从内在中分析应该是博莱克，因为，一切问题都是围绕着他展开的。但是，文章写博莱克的文字只有短短的一个自然段，几十个字。于是，我意识到了这里面存在着一个很明显的“主人公缺失”的问题。博莱克的命运操纵在儿童队员们的手中，他自己没有丝毫的决定自己做什么怎么做的权利，这显然是大家对博莱克的不尊重。

这一次我把生命关怀的点放在了“什么是真正的尊重”上，在课的结尾处，让学生做了如下讨论：

师：博莱克成功了！儿童队成功了！看着他们越走越远的身影，一个问题让我感到困惑：博莱克是不是必须要参加这一次检阅？他能不能有其他的选择?

生：不能有其他的选择，因为他是儿童队员，他必须要参加这一次检阅。

生：可以有其他的选择。

（几乎所有的学生都同意第一种意见）

师：如果我是博莱克，你们推测一下，我是选择参加还是选择不参加这次检阅？

（生几乎都选择参加检阅。）

师：但我告诉大家，我虽然很爱我的集体我的国家，但我选择不参加这一次检阅。你们能推测出来我不参加的理由吗？生讨论。

生：因为你怕自己走不好，让外国人笑话。

生：因为你怕劳累，把右腿也截掉。（众笑）

生：你怕训练的时候太艰苦，怕自己身体受不了。

师：是啊，一个原因是为集体考虑，一个原因是从自己身体的实际情况出发，所以我选择了不参加。你们同意么？

生异口同声：不同意。（我让他们说说理由）

生：这是集体的决定，你不参加是不听从集体的安排。

生：这是为祖国争光的时候，即使自己病倒了也要参加。

生：这么大的活动也许一辈子才能遇到一次，我们不能让你将来后悔，你必须参加。

师：同学们，我有充分的理由不参加这次检阅，但你们却不同意，这不是强迫我么？（生不言）

师：你们有被强迫的时候么？什么感觉？

生：星期天，我想和同学出去玩，但妈妈一定要我写作业，我心中很生气。

生：早上我不想吃饭，但妈妈非要让我吃，我知道这是为我好，但我就是很烦！

师：那我呢？我不愿意参加这次检阅，你们非要我参加，想想我会怎么想？

生：你会很生气，很难过。

生：你会觉得同学们不理解你。

师：我感谢大家给我的机会，但是，你们对我最好的关爱不是强求我做一件事情，而是——

生：听取你的意见。

生：让你自己选择自己做什么。

师：是的，尊重我自己的选择。

2005 年秋天，《人民教育》赖培根老师听到了这一节课，于是，赖老师在《人民教育》2006 年第一期课堂综述中，以《那份出于人道的关怀》为题，用两千多字的篇幅评价我的这节课，他是这样说的：

像《检阅》里队长那样“特意”的安排，在我们的现实里并不少见。对此我们总是习惯性地感动。我们从未想一想，这样的“安排”是否侵犯了被安排者选择的权利。被安排者也是有自由意志的人，不是“物”。他们有权对自己的“安排”发出声音，他们可以选择参加还是弃权，也可以选择站在前面还是中间或者末尾。这样的选择，无关一个人道德品质的高低，也无关一个人精神趣味的高下，这是他作为人的权利。

……

如武凤霞这样对教学内容多一份人道视角的审视，把尊重每个生命的权利的理念渗透在自己的教学细节中，就是使每个生命都获得应有的高贵。这不是高不可攀的梦想，而是每个老师通过反省、追问都能够做到的。

赖老师掷地有声的课评打开了我的一扇心窗——语文教学应该努力使每一个生命获得应有的高贵。也就是从这时起，我的心中开始建立起模糊的生命语文的想法，并不断实践了下来，直到今天。

《检阅》的确是一节值得我感谢的课，也就是从这一节课开始，我真正踏上了全国小学语文教学的舞台，尤其是在艰难的备课之旅中，我找到了一种解读文本的方法——针对课文内容提问或质疑，在一个个问题中，我们能发现文章中存在的问题，让文本的价值发挥到最大，达到最优化。这种备课方法我一直用到现在，虽然后来又找到了其他解读文本的途径，但提问法一直备受我的青睐。同时我还认为：提问法是让年轻教师深层次解读文本的最直接最有效也是最简便的途径之一，适合于每一位语文教师。

跟着学生，打造了这节课的震撼人心

时间：2006 年 11 月

地点：山东枣庄

2006 年冬天的一个周末，我来到了英雄的故乡——山东枣庄。执教一篇描写英雄的文章——《船长》（人教版教材中是《诺曼底号遇难记》）。这是我执教的《船长》首次在老师们面前亮相。因为是第一次，所以，教学中的一些环节还处于不确定状态。最让我举棋不定的是课文学完以后的环节设计。

我最初的设计是在课文学完以后，以英雄为导索引出“克拉玛依大火”，让学生在两件灾难的对比中感受到英雄的重要。试教中引起了学生强烈的震撼。

第二种设计是吻合当时语文教学，向工具性回归的形势，在教学结尾处针对船长和大副的那段经典对话设计了添加提示语的训练，目的是让学生知道，不是所有的对话都能应验“写好了提示语，对话就成功了一半”这样的说法，提示语的有无应该根据环境而定。试教中学生发言也很精彩。

两种设计，两种不同的倾向，到底用哪一种呢？我举棋不定。就带着这种不确定，我走上了枣庄文化宫的舞台，和四十个孩子一起触摸船长的灵魂。

那真是一群优秀的孩子，朗读声情并茂，说感想有理有据。不仅从文字中触摸到了船长的精神，而且通过三“问”直接和船长的灵魂对话，清楚的把握住了船长“英雄”的脉搏。我完全沉浸在和学生和船长的交流之中：

师：危险发生之时，船长第一次发出了“妇女先走，乘客跟上，船员断后，一定要把六十个人全都救出来”的命令，想想你有什么问题要问船长吗？

生：船长，为什么让妇女先走？

生：因为妇女的力气小，很多不会游泳，男人们身强体壮，容易逃生。

生：在西方人们都是女士优先。所以逃生也是女士优先。

师：不要小看这句话，它体现了一种风度……

生：（齐）绅士风度。

生：从“乘客先走、船员断后”我体会到了船长是一个有责任感的船长。他首先想到的是乘客和船员，就是没有想到自己。

生：为什么船长说“把六十人全都救出去”，他真的把自己给忘了吗？

师：是啊，船长啊，你真的忘记自己了吗？

生：我没有忘记自己，但我是船长怎么能走在大家前面呢？

生：我没有忘记，但我希望在逃生的时候所有人都把我忘掉。

师：我明白了，在生命和责任之间，他选择了——

生：责任！

船长内在的品质就在这样一次次的对话中凸现出来。

“同学们，正如你们所说，船长临危不惧、视死如归，在责任和生命之间，他毫不犹豫的选择了责任！这样的船长，如果让你送给他一个称号，你要送给他什么呢？”

“英雄！”学生齐声响亮地回答。这响亮的声音带给全场的是深深的震撼，这震撼又通过台下老师的掌声传递到了孩子们的心里。

于是，教学就顺理成章的这样进行：

师：这是一篇100多年前的小说，100多年过去了，今天读来依然让我们深受感动。为什么呢？因为我们需要船长这样的英雄。尤其是灾难来临到我们身边的时候。下面请同学们跟着我走进另一场灾难，看看10年前发生在我国新疆克拉玛依的那场大火吧。

12月8日16时，克拉玛依教委组织15所中、小学15个规范班和教师家长等796人在友谊馆为检查团进行文艺汇报演出。18时20分左右，舞台上方的一盏照明灯烤燃了附近的纱幕，坐在前排的人们闻到了一股淡淡的焦糊味道。一分钟后火势迅速蔓延，电线短路，所有灯光瞬间完全熄灭，高高的幕布带着火苗向人们砸来。友谊馆内浓烟滚滚，到处都是火光，人们混乱了，生存的本能开始让人们疯狂逃窜……

（生静静地看着文字，听着朗诵，教室里鸦雀无声。）

师：到这里，你希望事情如何发展？

生：我希望火突然间熄灭了。

生：我希望有一个人能组织大家撤退，让所有的人都撤出火场。

生：我希望大火还没有燃烧起来的时候就被及时扑灭。

生：我希望大人们能让学生先逃离火场。

生：我希望没有一个人伤亡。

师：事实是怎样的呢？请看——

（出示文字）

这时，一位领导模样的人拿着话筒高喊："孩子们，都别动！让爷爷叔叔先走，让领导先走！"孩子们听话地坐在自己的位置上，当领导们都撤出以后老师才开始组织同学们撤退，但此时人们的衣服被烤焦了，头发被灼热了。他们就着火光疯狂地冲向各个门口，前仆后继。然而断电后不久，原本开着的卷帘门突然掉落下来，而其他几个供人逃生的安全门全都死死关闭着。友谊馆变成了一个完全封闭的大火炉。仅仅过了二十几分钟，一切都结束了。

师：又一个20分钟，和诺曼底号上能够救援的时间几乎完全一致，诺曼底号遇难的结果是什么呢？

生：是除了船长，60个人全部得救。

师：而这场燃烧了20分钟的大火的结果呢？

（出示文字）

在20分钟的大火中，死亡325人，其中288中小学生，36名是教师。死难者中近百名孩子是被人挤死或者活活踩死的。在许多孩子弱小的身体上，有成年男子的大皮鞋印，也有成年女子的细若尖刀的鞋跟踩下的血洞。

舞台上安静极了，所有的孩子都愣愣的坐着，没有人表示什么，但很明显，痛苦就写在他们的脸上。上千人的会场也安静极了，一千多名教师也安静地坐着。就在这安静中，我的课结束了。

这节课后，没有了平时会议结束时拥挤着外出的场面和喧闹，孩子们排着队离开了会场，一千多名教师走出会场时也是那样秩序井然。当时，我没有机会和他们交谈什么，但是后来，一位老师寄来一篇课评，题目是《有些课是一辈子也忘不了的》，从文章的字里行间我深深感受到了这位老师心灵深处的震撼。

我很庆幸自己没有被流行的风潮遮蔽住双眼，庆幸自己有勇气跟随着学生的情感选择了这个结尾，使教学前后呼应，浑然一体，成就了我公开课教学中的一个经典。

这节课，带给了我两点思考：其一，每一节公开课都需要我们投入地爱一次，忘了自己，忘了教学环节。只有这样，站在课堂上才能脱离环节的束缚，教学才能和学生的学习实际合拍，教师、学生和文中人物才能融合在一起，才能有机会构建一次精彩课堂。其二，不要让语文知识和能力的训练缚住你的手脚，人文精神的熏陶不需要有意去躲避。一节语文课，人文情怀是化整为零分散在知识学习、能力训练的过程中还是独立成章节，不能由我们教师说了算，也不能由某种风潮说了算，我们应该问问文本，由文本的特点而定。

古诗教学莫写实

前几天，对几个小学中高年级的学生做过一个简单的调查，（这些孩子语文都是平时语文成绩还不错的）问他们喜欢不喜欢学古诗。几个孩子你看看我我看看你，犹豫地说："不喜欢。"追问为什么，有的说古诗不好懂，有的说学古诗没意思，总要抄下词义句意，还要把诗和诗意背下来，还有一个孩子说最害怕每次学习后老师让按照古诗写作文，等等。孩子们的回答说明什么问题呢？说明我们的古诗教学太过写实，让诗词少了韵味，让教学少了灵气。主要表现在这样几个方面：

一、诗意写实，淡化了诗的味道

古诗言简意赅，有些诗中还有不少典故，不讲解学生的确不能懂。而且，理解是体悟情感的前提，是感受作者心境与作者心神相通的重要凭借。所以，读懂诗意是古诗教学的一个重要任务。但是，教学中，很多老师却把理解诗意当作了首要目的，逐字讲解、逐句翻译、整首诗意背诵要占据一节课中一半还多的时间，其他的都属于一笔带过的环节。为什么会这样呢？分析老师们的心理，也许是习惯于把学习目标落在纸上，让它真实到可以触摸的程度。按理说，这样做并不为错，但是，我们又不能忽略它所带来的另一种负面影响——涵蕴丰富的诗词被统一到一种情境中，被写实了。于是，学生也就被囿于一个固定文本的狭小圈子中了。更何况有时候诗的意思不是几句话可以解释得了的，比如，苏轼的《饮湖上初晴后雨》，诗中那水光山色，那细雨迷蒙，那美丽的意境决不是我们老师的几句话就能够表现出来的。一位老师教学纳兰性德的《长相思》，在学生理解了字词句的意思以后，引导学生把这首诗的意思解释为：我随着千军万马越过一程程山水，向着山海关行走。夜深了，营帐中千万盏灯火都亮起来。外面风雪交加，搅得我无法入睡。我的家乡就没有这么烦乱的声音。

这首诗还是比较好解释的，这位老师的解释也是比较准确的。但是，诗中所表现的旅途劳顿、千里护驾的费力费神，雪夜风声中对家乡的眷恋，对父母爱人刻骨铭心的思念却不是几句话能包含得了的。于是，诗的意境在这样的解释中丧失了一大半。本来是一首闪耀着光华的思乡词，在翻译中变成了一杯白开水。再者，把诗的意思写在书上，背下来，就彻底懂了么？不，记住的仅仅是老师教的那一点点，而对文学作品的解读从来都是个性的，随着年龄的增长、心情的变化、环境的变幻、阅历的增多、知识的增减，不同的人不同的时候能解读出不同的意境。老师所呈现给学生的仅仅是一首诗最最浅显的最最表面的东西。

钟启泉教授说，教学要全面提高每一名学生的"学力"，这样的解释仅仅是让学生得到了"显性学力"中的知识和某一方面的技能，而更多的技能和"隐性学力"却没有得到培养或锻炼。同样是这首词，王崧舟老师就没有这样逐句的解释，而是带着孩子们深入到文字内部，触摸作者的情感，在情景交融中为学生构建了一个空旷轻灵的思维空间，使学生醉在这浓浓的“诗味”中，一节课下来，学生怎么能不爱上这首拨动了他们心弦的《长相思》呢？

二、由文变画，减少了诗的情趣

宗白华先生在《美学散步》中有这样一段叙述：王维有一首诗“蓝溪白石出，玉山红叶稀，山路元无雨，空翠湿人衣”。这是一首很美的诗，都说一首诗就是一幅画，一幅画也是一首诗，诗画紧密相联，但是，再高明的画家或许都只能画出诗的前两句，而后两句是无论如何也画不出来的。

诗不完全是画！多么精辟的见解。但我们老师却往往忽略了诗中的一些不可表现，很多人把由诗变画看作是一个帮助学生理解的行之有效的手段。比如，几乎所有的老师在教学杜甫的《绝句》一诗时，都习惯让学生把文字还原成图画。但是画得怎么样呢？走进学生就会发现，几乎所有人都是在纸上画一棵或者两棵柳树，枝条低垂，有天赋的孩子也许还让枝条飘动起来，稀疏或者密集的淡黄、淡绿的柳芽，然后画几只小鸟，大小胖瘦不一，挂在柳树上一样，那“一行白鹭”就更不知道是什么样子的了，奇形怪状的鸟们出现在学生的笔下，更少有人能画出“上青天”的感觉。至于西岭上的千秋雪，门外停泊的船只要么被省略掉，要么画几只小纸船凑数。于是，古诗中所呈现出来的五彩斑斓的春天（嫩绿的柳树、娇小的黄鹂以及白鹭青天、千秋积雪等）变成杂乱的“物”的堆砌，呈现在孩子们面前。还有那悦耳的鸟啼、远行船只上人员的谈笑更是无从表现。

一首千古绝唱，一幅用最简单的文字勾勒出来的最美妙的画面就这样在孩子们的画笔下丧失殆尽。其实也不能怨学生，古诗所描绘的画面本来就是通过对文字的感悟呈现在意念之中的东西，都说王维诗中有画、画中有诗，但往往也是诗画互补，如果脱离了王维的诗来单独看他的画，恐怕也少了几分意蕴。这件连最高明的画家都做不了的事情，我们有什么理由要求这些八九岁的孩子们做到呢？

再者，诗是文学，文学的魅力是“流动”的美，在每一篇文章每一首诗中，这种美来来去去，而一旦把文字固化为一种画面，就没有了这种流动，而没有了流动的艺术就不成为艺术，没有了变化的美的诗歌也就没有了生命力。

三、扩写成文，稀释了诗的浓度

诗词是凝练的艺术，用最简洁的话语表述最真挚的情感，描写最美丽的景物，可以说字字珠玑，每个字都有每个字存在的价值，甚至连替换都不可能。而且，也正因为其中每个字都有着丰富的含义，所以，诗词才如一杯浓酒，喝下去酣畅淋漓。而这，也正是诗词的魅力所在。同时，因为它的短小精悍，因为它多处留白，就为人们提供了很大的想象空间，所以，让学生学完诗词以后再改写成一个故事或者一篇散文成了许多老师日常教学中的一种常规。老师们主观以为，这样的扩写或者改写有利于学生想象能力的提高，是读写结合的重要契机，更是帮助学生深化理解的重要手段。但事实上呢，学生们每当接到这样的任务后，要么是把教参书上或老师课堂的讲解直接抄写过来，要么加进去自己的想象，脱离原有的文化背景，脱离作者当时的思想情感乱写一番。于是，一首美丽的诗词就变成了一篇不伦不类的文章或者只是一段话，就像注入了水的白酒，其实还不如一杯白开水好喝。就说叶绍翁的《游园不值》吧，本来千古传诵的一首诗，诗中作者惜春、爱春之情充盈于字里行间，吟之、诵之总觉美不胜收。可有老师让学生把这首诗写成一篇描写春天的作文，于是学生就凭自己的想象想当然地描写花园里的美景。景可以想当然地想象，可情是能想出来的吗？诗情就要在诗中去悟、去品，脱离了原诗的文字意境，这情恐怕也就支离破碎了。如果随便都能把一首唐诗改成白话文，那我们的古典文化还有什么魅力呢？

是啊，不由得我们不反思，我们为什么总是好心办了坏事呢？其实就是因为三个字“想当然”，我们认为这种方法好，认为这是创新，但是却恰恰忽略了最重要的东西，学生学习的古诗是中华民族传统文化的载体，而且这样的文化只能用这样的载体来表现才是恰当的，诗就是诗，特别是中国的古诗，它是一种既定存在的文化，它不可能是散文，也不可能变成白话，我们想当然地认为这样改写可以帮助学生，其实恰恰是害了学生，长此以往，学生就把古诗当作外语来“翻译”了，那岂不是我们的悲哀？

同时，也不由我们不反思，小学语文教材中编排古诗词为了什么，我想，不仅仅是为了积累，更重要的是通过这些浅显的诗词把学生带入古典文化的长廊。所以，激发学生的兴趣，让他们感受到诗词中含蕴的美丽和魅力，应该是我们的首要任务。所以，教学中教师不要用固定的解释把诗意写实，要注意保留每个学生解释的独特，（以不出现错误为前提）这样，就能在学生的心中留下一个比较大的空间，让他以后有机会自己去填充更多个性的思考。

再者，古诗的教学要放在一定的文化背景下去学习。

我想，老师们把诗词变成画的目的绝对不是培养绘画能力，而是借助绘画这一手段在学生心中建构起诗词所表达的意境、所描述的场面。这种想法是好的，但是，却恰恰忽略了每一首诗所描绘的每一个场面都有一定的文化背景，或者有一段催生它的奇缘这一关键要素。比如辛弃疾的《清平乐·村居》，单就诗的表面意思来看，为我们描述的是一幅安居乐业的农村风景，辛弃疾就如一个慈祥的老人，在这里幸福地安享晚年。其实，这是辛弃疾被再次贬到老家，壮志未酬、满腔热血无以报国之时写的。在这一时期，他还写下了“把吴钩看了，栏杆拍遍，无人会，登临意。”“醉里挑灯看剑，梦回吹角连营。……沙场秋点兵”这样的诗句，一腔无奈，满心悲愤就这样不经意流露了出来。试想，当我们了解了这些以后，我们还能说当时辛弃疾是快乐的，是幸福的么？

所以，要想达到目的，必须把学生带到当时的文化环境中，或者带到一个个故事里，让学生浸润其中，把图画画在心里而不是纸上。同时，小学生的年龄是向往故事的年龄，故事和古诗融合在一起的教学会为学生喜闻乐道。

不能否认，小学古诗词教学有多重目的，但在这所有的目的中，再没有比激发学生的兴趣更重要的了。老师要有意识让教材中的诗词变为踏在学生脚下的一级级台阶，变很多老师情有独钟的改写为相关资料的阅读，这些生动有趣的资料会让学生的心灵与诗词贴得更紧更近。比如教学白居易的《忆江南》一词，如果我们一定要去描写江南“日出江花”的红艳、“春来江水”的清澈，岂不是太为难我们的学生了吗？倒不如引领学生思考这样一个问题：白居易是河南人，杭州仅仅是他的为官之地，他如何在远离之后，在垂暮之年还能面对着夕阳不断吟咏“能不忆江南”？这其中当然有江南景色秀美的原因，除此之外，还有什么呢？引领学生阅读相关资料：白居易两次苏杭为官，他上任就勉励自己“苏杭自昔称名郡，牧守当今当好官”。在任上，他组织民众兴修水利，为了防止洪灾，主持修筑堤坝，后人为了纪念白居易，遂称此堤为“白公堤”。在他的治理下，百姓安居乐业。两个任期，三年多的时间，白居易以一个官员的方式，将自己与江南连在了一起，与江南的百姓连在了一起。对诗人来说，江南已不再是他乡，而是故土。所以，离开以后，他时时不忘江南风情，接连吟了三首《忆江南》。如此，江南的美景和词人在词中所表露出的深情，就清晰地呈现在学生心里。这时，如果再吟诵《忆江南》，一定是别有一番感慨在心头。到这时候，学生们也许真的就到了“诗词啊，想说不爱你不容易”的境界了。

一次基层教师公开课引发的思索

市教研室组织了一次小学低年级识字教学大赛，有35节之多，参赛教师几乎全部来自于县城和乡镇，第一次大范围听取基层老师的课，心中引发了不小的震撼：在专家名师们关注课堂生成，关注学生生命发展的今天，我们基层老师的教学却还处于让人忧虑的“原始”状态，此文主要选取本次比赛中普遍存在的现象给老师们提个醒。

思索一：教学要关注细节

请看这几个镜头：

镜头一：A老师在指导同学们学完“蝴、蚊、态、趣”等生字以后，领着大家玩“找朋友”的游戏。游戏开始前，老师先把每一个字都按声旁、形旁分开，并分给不同的同学，然后让大家按声旁和形旁站成两队，哪两个部分能组成一个字，他们就是朋友。

游戏开始了，同学们在短暂的热闹之后，马上找到了自己的另一半，高兴地站到了一起。并把字卡举得高高的。老师问同学：“找对了吗?”全体同学齐答：“都找对了。”于是，老师带领大家向参加游戏的同学报以热烈的掌声！

真的找对了吗？如果从字的组成部分来说，的确找对了，但我们来仔细看看："趣"是半包围结构，学生站成了"取走"。"态"是上下结构，学生们举起来拼在一起的字是"心太"。"驶"是左右结构，学生们站成了"史马"，上课的老师没有注意到这个小小的细节。学生继续汇报：我是"文"，我是"虫"，我们俩合起来读"蚊"，"蚊子"的"蚊"。我是"心"，我是"太"，我们俩合起来读"态"，"态度"的"态"。

镜头二：B老师在同学们学完生字后，领着大家玩"打牌"的游戏。游戏规则是：两个学生每人一摞生字，举起一个字读一个字，谁先把牌出完，且没有错误，谁就取得胜利。其他同学当监督员，看看谁读错了。游戏开始了，两个孩子你举一张，他举一张，读得热火朝天。且慢！你看：那个学生举起的卡片不是对着同学们，而是对着台下听课的老师。

镜头三：C老师在用抽读卡片的形式让同学们复习生字，瞧：老师的手几乎把生字都挡完了，学生们却凭借着剩下的一半读得"声震云霄"。

镜头四：D老师在教学与动物有关的一组生字，哇，好热闹的一组幻灯片：这一张带拼音的字是黑体，下一张不带拼音的字是仿宋，第三张出示的词语是隶书。嗨！还有一些斜体字呢！

这几个被定格的案例，问题全部出在教学细节上。我想：如果老师关注一下字的结构，关注一下书写的规律，他就不会漠视同学们站的位置和说的顺序；如果老师把孩子们的学习当作自己的事情放在心上，就不会那么随意地捏住卡片的大半边脸；如果老师能想到，低年级孩子正是练习写字的关键时期，需要标准的楷书对他们进行潜移默化的影响，就不会出现这各类字体的大拼盘。

值得一提的是B老师，下课后我问她："你看到了吗？一个打牌的学生举起的牌向着台下听课的老师，对牌上的字同学们一个也没看见。"没想到这位老师说："我看见了，但没有想到去纠正她。"她的话让我默然。

为什么没想到去纠正呢？最直接的解释是：老师忘记了两个学生汇报的对象是谁，忽略了学习过程是学生自己的学习活动，是学给自己的，不是演给老师们看的。

不由得想起了几本文学名著的经典描写：《红楼梦》第3回让凤姐以"未见其人，先闻其声"的方式出场生动刻画出了凤姐泼辣的性格以及在这个庞大家族中的地位！可谓神来之笔！巴尔扎克先生在《守财奴》中刻画的葛朗台更是入木三分：在临死的时候，神甫把镀金的十字架送到他的嘴边，给他亲吻基督的圣像时，他却做了骇人的姿势想把十字架抓在手中，这一下送了他的命。女儿亲吻着他冰凉的手，他却说："把一切都照管好，到那边来向我交账！"就是这最后的一个动作一句话，让葛朗台最后定格于每一位读者的心中，任谁也不会忘记守财奴的那份贪婪！

好的作品因为细节而流传于世，精彩的课堂同样也因为细节让人难忘。孙建锋老师在《最大的麦穗》一课教学中对学生的鼓励，王崧舟老师在《草船借箭》中对诸葛亮的笑的分析，靳家彦老师在大会场作课时写在黑板上的大大的字体，会使他的每一个学生，会使在场的每一个听课的老师久久难忘。

细节虽小，但我们的课堂就是由这样无数个细节构成的，那一个个看似微不足道的细节，恰恰体现着执教者教育理念的真实检阅！

思索二：关注多媒体的价值

多媒体辅助教学的现象越来越普遍了！这是本次听课给我的又一个深刻的感受。三十五个参赛老师，三十五节课，只有两节没有用多媒体！而且有的县、乡的课件在制作上已经达到了较高的水准，这的确是一种进步！但，遗憾的是，很多精美的课件中却有很多不和谐的音符。请看这一组镜头：

镜头一：A 老师在教学生字以前，让学生回忆学过的且本节课要用到的几个部首，为了调动学习兴趣，老师在开课之初一指大屏："同学们请看，你们认识他们吗?"随着老师的手势，屏幕上出现了一匹矫健的大马，怎么会不认识呢？孩子们齐声高喊："马!""是马么?再看看。"孩子们再看："马。"这一次声音低下来了。突然，一个机灵的孩子喊："言字旁!"哦！可不是吗，在这匹马的脖子上习惯挂铃铛的地方挂了一个"言字旁"。老师高兴得直点头。又翻一张："这个呢?"只见画面正中是一只拟人化的老山羊，山羊手里拿着一张不大的纸，上面写着另一个部首——"两点水"。"山羊!""不！两点水!"哈哈，孩子们的回答热闹得很。到第三张，才彻底明白：原来老师不是让分辨画面上的栩栩如生的动物是什么，而是让回忆那被动物们或拿或挂或背的部首叫什么名字呢！可惜的是，搞清楚了，这组课件也演示完毕了。

镜头二：B 老师指导同学们学习一组关于动物名字的词语，教学开始，老师的导语一下子就调动了同学们的学习积极性：

"同学们，今天老师带你们到动物园里见几位动物朋友，你看，他们来了——"

师："这是什么？"随着老师的话语出现了一只威武的狮子，并伴有那惊人的长吼。

生："狮子。"孩子们瞪视着屏幕，兴奋得手舞足蹈。

师："你觉得狮子怎么样呢？"

生："威武"，"凶猛"，"吓人"……

师："同学们说得真好。"

点击课件，屏幕的上方跳跃出的声母韵母组成了音节，下方出现了相应的生字。孩子们不由发出"噫？"的惊讶声。

师："读一遍。"

学生齐读。就此一遍。

接着老师又唤出了老虎，那长长的虎啸让人真正体会到了猛虎的威风！可惜，这一次出现的"老虎"这个词学生一遍也没有机会读。后面接踵而至的狐狸、蝴蝶等都是如此欣赏了精彩的课件……

镜头三：C老师素质很不错，课件制作的也比较精美，且真正的和学生学习结合了起来，但不知道为什么，画面一直在左右移动，使学生看见了左边看不见右边。仔细观察，才发现，原来字写得太大了！

镜头四：D老师在导入新课时热情洋溢的说："同学们，老师给大家带来了一朵漂亮的太阳花。你们瞧——"随着老师灵巧的点击：课件的右上角出现了一朵太阳花，花朵的左边和右边分别出现了两句话，一句是"我是一个爱心天使！"，另一句是"你喜欢我么？"这两句话的字体都是美术字，字的颜色也很繁多，整个画面给人以热闹的感觉。如此热闹的画面有什么特殊的用途呢？直到最后我也没有感觉到它存在的价值。只是在课的结尾处听老师说了一句："看，太阳花姐姐多喜欢你们呀!”

镜头五：E老师指导学生学习“荷花”“哭声”等十一个生字，色彩是这样搭配的：草绿色的底儿，红色的音节，蓝色的字体，搭配起来很不明朗，有一种阴阴的感觉，无论在视觉和感觉上都很不舒服。

镜头六：F老师在领着孩子们学完生字以后，为了帮助复习，检查声字的读音，带着大家玩老鹰捉小鸡的游戏。看，大屏幕展示的是一块空旷的绿地，一只老鹰在天空盘旋，斜下方站着一只毛茸茸的可爱的小鸡，最下方是本课的生字。游戏规则是：学生开始读的时候老鹰开始飞，如果老鹰飞到小鸡的身边学生还没有读完，老鹰就要把小鸡吃掉。孩子们对此游戏很感兴趣，课堂上大家读得争先恐后。

镜头七：这是一组广角镜头。听课中发现老师都比较喜欢在课件上加带声音，(其实我也喜欢)的确，清脆的声音能唤起孩子们的注意力，比如那轻轻的“丁冬”之声，那悦耳的“风铃声”，都让人感到悦耳悦心。但听课中我也听到了另外一些声音：打字机声、打枪声、爆炸声……这些声音本身就够震撼人的了，如果音响调得再大一点，那真是“心都被震得颤抖起来了!”

听课中引发的几点困惑，不能不引起我的思考：多媒体应怎样辅助教学才能收到良好的效果呢?

首先，老师们要明白，多媒体辅助教学，辅助的是语文的教学。不能够为了追求生动的场景、美丽的画面而置学科教学特点于不顾；不能借语文教学之名，行其他学科教学之实；更不能在无意识间种别人的田，荒自己的地。所以，每一个教学课件的设计，老师们都需要仔细思考，弄清楚制作的目的，弄清楚课件本身对学生的语文学习和语文能力有什么促进作用，这样才不会出现A老师那样的错误。

其次，就课件本身而言，从视觉上说，展现的字体和画面首要的要求是清晰、醒目、舒服，在此基础上才是活泼、生动，最后再追求表现手法上的创新。从听觉上说，对课件上声音的附加则是可有可无，如果有也应该以轻柔悦耳为好。如果不顾实际一味的求奇求新就背离了“辅助”的轨道。

尤其是要注意，课件上除主体学习内容以外的一切装饰物均为附加物，有也许不多，无绝对不少！对这样可有可无的东西，添加时要慎之又慎，千万不能过多或过于醒目。因为，次要的就是次要的，无论如何不能喧宾夺主。多媒体是为高质量的教和学服务的，不是为教学添花絮的。这是最起码的原则。所以，课件也该减肥！

再者，如果借助多媒体给孩子们提供游戏的情景，应该照顾到语文人文性的特点，应有意识地对学生进行一种美好的人文熏陶，少设计一些残酷的竞争和厮杀，多设计一些美好、快乐的情景，让学生在潜移默化中受到心灵的陶冶。

看来，普及多媒体教学，不仅仅只是普及硬件建设，更重要的是提高老师们对多媒体的认识水平。

思索三：老师，请大胆说“不”

识字教学中对生字的记忆是不可缺少的环节。可喜的是，几乎所有的老师都有了尊重学生的意识，都注重引导学生说出自己的识记方法。于是，在老师的鼓励下，同学们便开始了热闹的“八仙过海”。这其中最常用的不外乎是“加减偏旁”“编儿歌”“编故事”等，还有些同学运用了联想记忆法。在为同学们多彩的思维叫好的同时，这几个同学的发言引起了我的特别关注：

学生甲：（记忆“鸭”）“甲”是一个卖冰淇淋的地方，“鸟”像一个人站在冰淇淋旁边，所以“一个人站在冰淇淋旁边就是‘鸭’”。

学生乙：（记忆“狐”）一个人站在“瓜”的旁边。

学生丙：（记忆“鸡”）小鸟又飞到山上。

学生丁：（记忆“狮”）老师站在魔术师旁边看表演。

学生戊：（记忆“鹅”）我在捉小鸟。我在吃小鸟肉。

学生己：（记忆“渔”）“鱼”像一个人，“三点水”像渔网，一个人在撒网捕鱼就是“渔”。

……

同学们奇特的思维和表达让我不知所云！我敢说，没有人能知道“一个人站在冰淇淋旁边”是什么“鸭子”的“鸭”，不会有人猜出“老师站在魔术师旁边看表演”就是“狮子”的“狮”，说不定“一个人在撒网捕鱼”这则字谜会让语言大师们大跌眼镜。也许就连他们自己，再过上几天以后也不一定就能想起他们今天所讲的故事、所出的谜语到底指的是哪个字。

遗憾的是，这样明显的问题，我们的老师在听完学生的发言后，几乎无一例外的把热情的鼓励送给了同学：“你真棒！多好的故事呀！”“你的创造性思维真好！”“这个故事很有意思的嘛！”……这热情鼓励让我睁大了迷惑的眼睛。

诚然，我们不要求孩子们的故事编得多么合情合理，也不要求孩子们的谜语编得多么无懈可击，但作为记忆生字的一种方法，所说的故事和谜语一定要能让人联想起相应的字来，这应该是最起码的要求。因为，同学们发言的过程，是和大家交流的过程，是同学们互相学习的过程，更多的同学要从少数人的发言中汲取方法的！如果听都听不明白，该如何拿来为己所用呢？我深深地叹了口气：老师呀，为什么不对这些孩子明确地说声“不”呢？为什么不帮助他们说得更合理一点呢？

不由得让我想起了十年前的教学，在十年前的课堂上，我们常常可以听到老师说：“不，我觉得你的理解不正确。”“不对吧，你再想想好吗？”这一类的语言。的确，这不能说是一种好现象，因为，老师经常对学生说“不”，在一定程度上会给学生的心理造成一定的负担，让学生产生畏发言的情绪。所以，经常否定学生的思考所得绝对是不可取的行为！正是因为发现了这样的问题，正是因为“一千个读者就有一千个哈姆雷特”，所以，新的教育思想十分注重“尊重学生的独特感受”。所以，在我们今天的课堂上，几乎所有的老师都不敢堂而皇之的对学生说一句“不！”哪怕从心里不认同学生的说法，充其量会说一句：“这是你的理解！”“这是你的体验！”等之类的模棱两可的话。

不由得想起了这样一个故事：

一次公开课上，一个老师执教《狼来了》这篇课文，在学习的最后，老师让同学们说说：读了这篇课文，你知道了什么？同学们踊跃发言，大部分同学得到的启发都是“不能骗人”“骗人没有好结果”之类的，老师都给予了热情的肯定和鼓励。突然，一个学生站起来大声地说：“我明白了，骗人不能骗三次！”听课的老师哄然大笑。很明显，这个学生所得的感受已经背离了本课书的教育目的之所在！是不正确的，是必须要纠正的。但我们这位上课的老师，依然像对待其他同学一样，笑眯眯的告诉他“好，这是你得到的启示”！天啊，听课的我不由得惊呼：骗人不能骗三次，难道骗一次、两次就是为社会所允许、为人们所接受的吗？

我们的老师怎么了？在我们的课堂上，真的不需要说“不”了吗？真的不能说“不”了吗？不！无论是谁，都会给我们一个否定的答案！那么，是谁限制了我们的老师说“不”？是新的教育思想？还是新的课程标准？不！都不是！我认为，作茧自缚的是蚕本身，给自己套上枷锁的是老师们自己。无论何时，尊重学生的独立感悟所得，都不能以丢失掉是非的标准为代价。

几千年前老子就曾经说过：“反者道之动。”也就是说，事物走到极端的时候，必定走到它自己的反面。所以，我说：老师们，让我们小心，矫枉不要过正。在课堂上，该否定时就否定，该说“不”时就说“不”吧！

思索四：对低年级语文老师的几点额外要求

以前，很少在意不同学段对语文老师的不同要求，本次的35节课，让我有机会全面审视低年级的语文教学，全面思考对低年级语文老师的要求。我认为，低年级的语文老师除了应该具备所有语文老师所必须具备的知识要丰厚、语言要丰富、思维要灵活、反应要敏捷等共同特点以外，还应该具备以下几点特殊的要求：

首先，低年级语文老师要“灵透”。所谓的灵透有两方面的意思：一是表情要灵透。虽不要求“眼角眉梢都是戏”，但也要“一举一动总关情”。时刻把自己的情感通过眼睛、通过举手投足传递给学生，让学生从老师的表情变化中感受到鼓励，感受到欣赏，感受到疑惑，感受到老师善意的提醒。几乎所有低年级的孩子都喜欢情感丰富的老师。有一天，听完某老师的课，我悄悄询问前座的一位女孩子：“喜欢老师吗？”女孩子毫不含糊的使劲点着头。“为什么喜欢？”我又追问。女孩子想了想，说：“老师很漂亮。”真是这样吗？不是的，这是一位三十多岁的女老师，而且来自一个乡镇，衣服不时尚，且素面朝天，按我们的标准，绝不能称为美。但这位老师吸引了所有同学和听课老师的目光。因为她拥有一双含笑的会说话的眼睛，拥有如老舍先生笔下的猫一样的丰富多端的表情。我想：学生说的所谓漂亮，也许就是指她表情的灵透吧。二是思维要灵透。老师们对学生在学习过程中出现的一些问题，捕捉要及时、反应要敏捷。本次听课中这样一个镜头在我的心中留下了颇为深刻的印象：张丽老师出示了写在卡片上的几个字“虑、挺、招、诗、虚、桂”等，亲切的对同学们说：“仔细观察一下，这些字有什么特点呢?”她的话还没有说完，就有一个学生大声喊了出来：“这些字都是左右结构。”几乎没有一秒钟的停顿，张老师就对着这个同学微笑着说：“你真是个快嘴子。快嘴子，我喜欢你!”说完后，老师又对同学们说：“这些字都是左右结构吗?仔细观察一下。”这一次快嘴子没有再快，仔细观察后才高高地举起了手。虽然只是一句话，但张老师反应的灵透着实让我佩服！从这里我看到了小学低年级语文老师应该具备的一个优秀的品质。

其次，言语不可太温柔。听了许多低年级的课，感觉到老师们都在使劲地扮温柔，当然，面对六七岁的孩子，这是应该做到的。没有孩子会喜欢声色俱厉的老师。但我认为，一切还是自然点儿好，刻意的温柔让人感觉极不舒服。有的老师为了扮温柔，低声慢语、动作柔软，大大削弱了老师言谈举止应具备的感染力。低年级学生的有意注意时间本来就短，当一个没有感染力的老师站在学生们面前的时候，学生的学习情趣是很难调动起来的。

再者，低年级语文老师的语言应尽可能规范，不能苛求和儿童语言保持完全一致。为什么这样说呢？听课中，某老师的一句话给我的印象特别深刻。在学习形声字的特点时，在引导学生明白了形声字形旁表形，声旁表音的构字规律以后，老师由衷地赞叹道："看，我们的祖先多能啊，造字的时候就注意了让部首和字的意思相吻合!"这一个"能"字让我心里颇不舒服。为什么要用"能"，而不用"棒"、"了不起"等词语呢？下课后我和这位老师作了交谈，老师言语很简练，大致意思是：为了和同学们的日常语言习惯相吻合。这的确是一个很好的理由。有的时候我们要想和孩子们站在同样的高度，是应该经常对孩子们说些孩子们的话。但应该注意的是，说孩子们的话既要适时，又要适度，还要关注我们说话的内容。一个"能"字是不能充分表达出对祖先的赞扬之情的。

想想也是的，做语文老师不易，做低年级语文老师更难。

朗读中字音儿化应慎重

朗读中把某些不带“儿”的字读成儿化音，让人听起来亲切、舒服。例如：把“小白兔”读成“小白兔儿”，把“浪花”读成“浪花儿”等等。但事实上，并不是所有能儿化的词语儿化后都能收到这样的效果，有些字音儿化后却会扭曲文章所反映的事物，破坏文章所表达的情感，那么，朗读中该怎样辨别字音是否能“儿”化呢？我认为，除了注意字词本身的意义和属性外，还应与以下几个方面相符：

一、要与文章所反映的事物相符

如果文章所反映的事物是娇小可爱的，那么描写这一事物名称、特点等方面的字词就适宜儿化。如《坐井观天》一文中“小鸟飞来落在井沿上”一句中的“小鸟”和《精彩的马戏》一文中“猴子穿着衣服，打扮得像个小孩”一句中的“小孩”都可以儿化，而《桂林山水》一文中“漓江的水真绿呀，绿得仿佛那是一块无暇的翡翠”一句中“一块”则不能读成“一块儿”。否则，就会使听者觉得那宽阔的漓江变得很小很小，缺少了无限风光放眼望的感觉，破坏了文章的语言美，破坏了文章所描绘的景色美。

二、要与文章所表达的情感相符

表达不同情感的文章朗读时对字音儿化的要求也不同。一般情况下，表现高兴、喜爱一类情感的文章中的字音可以儿化，而表现仇恨、憎恶、激动等情感的文章中的字音一般不宜儿化。例如：《大熊猫》一文中描写大熊猫外形的“一双眼圈又圆又黑”一句，“眼圈”就应读成“眼圈儿”，否则就不能读出作者对大熊猫的喜爱之情。而《狼和小羊》一文中“去年你在背地里说我的坏话”中的“话”就不能读成“话儿”。有的老师在指导朗读《风》（此文早已不存在于教材，但案例极其典型，故依然拿来作例，相信会给大家以启发。）一文时，爱把“地上，含有马尿驴粪的黑土与鸡毛蒜皮一齐得意地向天空飞”一句中“鸡毛蒜皮”读成“鸡毛蒜皮儿”，这很不恰当。原因有二：其一，儿化后的“鸡毛蒜皮儿”与前面“含有马尿驴粪的黑土”在读法上不一致。其二，与文章所表达的情感不一致。老舍先生所要表达的是对旧北京风的无比厌恶，情感是凝重的，而“鸡毛蒜皮儿”这种读法虽然也能表现出厌恶的情感，但更多表现出的却是轻蔑，且语气也较“鸡毛蒜皮”读得轻松。因此，朗读中确定字音的儿化还必须以文章所表达的情感为依据。

三、要与具体的语言环境相符

语言环境是作者通过语言文字营造的一种氛围，或平淡，或激昂，或悲伤，或壮烈。语言环境不同，朗读中对字音儿化的要求也不同，即使同一个词在不同的语言环境中读法也不一样。例如：同是一个“花”字，在《荷叶圆圆》一课“小鱼儿在荷叶下笑嘻嘻的游来游去，捧起一朵朵很美很美的水花。”一句中，“水花”就可以读作“水花儿”，因为它反映的事物是美丽的，它所处的语言环境是轻松的；而在《董存瑞舍身炸暗堡》一文“导火索哧哧地冒着白烟，闪着火花”一句中绝不能读成儿化音，否则就破坏了作者所营造的那种紧张、壮烈的氛围。

四、要与人们的语言习惯相符

小语一年级下册《胖乎乎的小手》一课中有这样一句话：“这胖乎乎的小手替我洗过手绢啊！”朗读时这里的“小手”、“手绢”就应该读成“小手儿”、“手绢儿”。否则就不合乎人们的语言习惯，给人以生硬、干涩之感。

总之，词语是否儿化要针对具体情况做出尽可能准确的判断，使得作品的内容、思想、情感得到充分的展示，收到良好的朗读效果。

“语文味”的“味源”：教师的语文素养与教育智慧

说到语文课的“语文味”，我想起一位一年级老师教学的《归类识字》，这一课的主要内容是对一些特殊的合体字——“会意字”的学习。重点有这样几个：日、月、明、山、石、岩、木、木、林、木、林、森。教学中有两个片断引起了我关于“语文味”的思索。

片段一：

“同学们，日就是太阳，太阳出来以后怎么样呢?”老师亲切地问。

“热辣辣的。”一个小女孩说。

“哦，很热!”老师说。

“很温暖。”一个学生站起来补充。

“也是很热的意思。”老师依然微笑着。

“太阳出来以后，我们家里每个角落都能看到它。”这是一个剪着齐齐刘海的可爱的小女孩，那悦耳的声音真好听。

“我知道了，你说的是太阳出来你们的房间就明亮了。”老师终于把话引到了“明”这个生字上。然后开始学习“明”字。

片段二：

“谁知道什么是‘岩’?”

老师微笑着注视着大家，也许这个问题难，小朋友们都在思考。几秒钟以后才有一只小手犹犹豫豫地举起来：

“我们家炒菜的时候往锅里放岩（盐）。”

很明显这是错误的。

“你说错了，不是这个岩。还有同学知道吗?”

又一只小手举起来：“岩石很小，是圆形的。”

“哦，它是从形状上来说的。谁还知道什么呢?”

一个瘦瘦的小男孩站起来，声音很响亮：“我知道，岩石没有嘴巴。”

“哦？没有嘴巴?”老师显然吃了一惊，“什么意思呢？我听不懂，下课后你给我说说。”

不能否认，这两个环节的设计都是属于语文的，但同样也不能否认，在这语文的环节中我们却嗅不出真正的“语文味”。我的朋友看云老师说：“站在台上，我就是语文!”从这自豪的言语中，我们可以读出关于课堂“语文味”的另一种解读——教师所拥有的语文素养和教育智慧也是让课堂充满“语文味”的重要因素。

“太阳出来以后，我们家里每个角落都能看到它。”“我知道，岩石没有嘴巴。”这两句话说得多精彩啊！这里面包含着孩子独特的观察视角和只有孩子才能产生的感受，这里面有拟人，有想象，有童心童趣。然而两位老师对此却视而不见、无动于衷，他们的心中只“明”“岩”这两个生字，而没有对诗意的敏感，对童心的理解。如果第一位老师能这样引导：“是啊，说的太美了——阳光也是有脚的，它能走遍我们家里的每一个角落，只要它一来到，我们的房间就明亮亮的了！”如果第二位老师能这样赞扬：“噢，好孩子，‘岩石没有嘴巴’，你的观察真独特，你说得真有趣！你是把岩石当作人来说的啊。我很高兴地告诉你：这是一个拟人句，我们到三年级才能学到呢，你的语言真丰富！”这诗一样灵动、优美的语言，这闪烁着智慧火花的赞美，从老师的口中走到孩子们的心里，那阳光那岩石，就会由模糊的形象变成可看见可触摸的具体可感的事物，相对应的两个生字也就在孩子的心里生动了起来，鲜活了起来。于是，真正的“语文味”也就充溢课堂，充溢在每个孩子的心田。

所以说，教师丰富的语言对学生是一种滋养，丰厚的文化底蕴对学生是一种召唤，洋溢着智慧的妙语更是对学生心智的启迪。有这些打底，再简单的语文课、再简洁的设计也会充满着浓浓的“语文味”，也能悄悄润泽着教室中的每一个心灵，也能让孩子们享受着语文的丰富多彩，享受着语文的灿烂多姿，享受着语文的妙不可言。

热爱语文，就从这种对“语文味”的享受开始。

洋溢“语文味”的课堂上充满着“语文味”的评价

新课程实施以来，几乎所有的老师都能拿起表扬的武器对学生进行学习的激励。但是，走进老师们的课堂，我们会发现，大多数老师的课堂评价语是没有性别的。比如：“棒棒棒！你真棒！”比如“你的声音真响亮！”“说得真好！”比如课堂上经常出现的掌声，以及直接贴在孩子额头、身上的小红花等等。这些评价语和评价方式可以放在任何一个学科的任何一个课堂上使用，适合于每一个学生，每一节课。其实，好的评价语是应该有着学科特点的。比如，音乐课堂上学生歌唱得好，我们充满着欣赏表扬学生：“这支歌唱得真动听，我仿佛听到了百灵鸟在歌唱。”体育课堂上，我们表扬跑得快的学生：“看到你的速度让我想到了健壮的羚羊！”这样的表扬绝对比“你真棒”之类更能唤起学生的共鸣，激发起学生的自豪感。

同样，充满语文味的课堂要求我们的评价语也充满着语文的欣赏和指导。

下面是我执教的《回乡偶书》的一个片断：

"同学们，谁来读读这首诗?"

只有一个男孩子举起了手："少小离家老大回……"

读完后我没有让他坐下，而是充满感情的表扬他："你真了不起，真会读书!"然后，转向大家："同学们，你们知道我为什么说他会读书吗?"

显然，同学们从来没有思考过这个问题，教室里沉默着，我也静静的期待着，终于，一个女孩子打破了宁静：

"他很勇敢，他敢站起来读这首诗。"

"对呀！有勇气就是有自信，只有会读书的孩子才有自信呢!"

又一个男孩子举手："他读的声音很响亮!"

我充满欣赏地说："是啊！让班里的每一个同学都能听到你的读书声！这是会读书的基本要求!"

也许是被我的赞扬所感染，也许是受前面同学的启发，教室里的小手忽然间多起来：

"他读得很正确，一个字都没错!"

"这里面还有生字呢，竟然一个字都没错！会读书啊!"

"他读得很有感情!"

"对呀！还没有学习，他就能有感情的朗读了，所以我说他了不起啊!"

"他读的时候停顿很好，没有把句子读坏!"

"嗯，"我边点头边说，"这可是朗读古诗最难的一件事情了，他都做到了，会读书啊!"

"他读书的时候站得很直！拿书的姿势很漂亮!"一个小女孩说。

"这样的读书姿势让我们看起来很美很美呢!"我的表情、眼神都在表达着我的赞赏。然后又对发言的小女孩说，"连读书姿势你都发现了，你也一定是一个会读书的孩子。”

小女孩骄傲地点点头。

在对学生读书评价的过程中，我把所有的评价指标都指向会读书，在这样的欣赏中，同学们自己发现了会读书的标准，这样的自我获取比老师详细地讲解在他们心中更能刻下深深的印痕。

语文课堂上，还有很多时候需要用充满语文味评价，比如，指导学生学习《船长》一课中“海水猛烈的涌进船舱，人们拥到甲板上，到处是哭声喊声”一段时，一个学生朗诵得很投入，我这样评价：“你的朗读让我的眼前仿佛出现了这样一幅画面：听着你的朗读，我看到了人们绝望的眼睛，听到了人们惊恐喊叫，感受到了灾难笼罩下的诺曼底号上的恐怖。”

指导学生学习《我的伯父鲁迅先生》一课中女佣阿三回忆鲁迅的往事时，一个学生说得很动情，我这样评价：“在你的发言中，我听到了你的敬佩和欣赏！把自己的情感注入到语言中说出来的时候是最能够打动人的。你深深打动了我，谢谢你！”

同样是在教《回乡偶书》时，理解到“乡音无改鬓毛衰”一句时，我让学生谈他们读懂了什么，一个学生说：“他走的时候还很年轻，回来的时候已经老了。”

我追问一句：“你怎么知道他老了？”

“我看到图画上，这个牵着马的人背有点驼了。”

“你真会观察，把画面上的人和生活中的人结合起来比较，就知道他是个老人。”

“还有，他帽子下面这个地方的头发很稀少。”学生摸着自己的两鬓。

“这个地方叫鬓。”我说，“是啊，人老了以后头发会掉很多，所以，就稀少了。但是，这句诗中没有稀少这个词语啊，哪个字是稀少的意思呢？”

学生齐答：“衰！”

“同学们能够借助图画来读懂诗句的意思！真是学习语文的好手！”

老师的评价，无论多么简短，只要充满着语文学习的指导和欣赏，就能让学生感受到语文无处不在。

让学生沉浸在童话的世界里

——如何进行童话教学沙龙纪实

童话是什么

武凤霞：老师们好！近段，走进课堂听课以及和孩子们的交流中，我发现了一个奇怪的现象：几乎所有的孩子都喜欢读童话，但是，很多孩子对童话的学习却不感兴趣，有时，我明显感觉到学生学得索然无味。这不能不引起我们的关注，因为，无论是哪一个版本的小学语文教材，童话都占据着相当大的比重，尤其是低中年级，童话的分量更重。以人教版课标教材为例，在整个小学阶段的 333 篇课文中，童话有 44 篇，占 13.2%。其中低年级课文 120 篇，童话 36 篇，高达 30%。再者，童话是培养学生想象能力，让学生感受文字魅力的主要文体。所以，童话教学的质量直接关系着学生语文学习的兴趣。那么，童话该如何教呢？童话教学中我们应该关注什么呢？今天我们就来交流一下这个话题。

要想探讨清楚童话该如何教，首先要弄清楚童话是什么，了解准确的定义表述，并明晰童话的特点。那么什么是童话呢？

高艳茹：关于童话的定义，《辞海》是这样表述的：童话是儿童文学的一种体裁。通过丰富的想象、幻想和夸张来塑造形象、反映生活，对儿童进行思想教育。

齐艳玲：童话语言通俗易懂，生动形象，故事情节离奇曲折，引人入胜，是在现实生活的基础上，用适合儿童口吻的语言，写给儿童的一种富于幻想的故事，给儿童创造了一个绚丽多彩的幻想世界。

翟卫华：因为童话世界是超越现实而存在的，所以，童话中主人公的行动，可以不依照自然的法则和科学的规律来进行，但是它又和现实生活有着密切的联系，或者说反映着生活的本质。

童话的魅力在哪里

武凤霞：说得好！在童话世界里，现实生活中任何不可能发生的事情都可以发生，世界万物都能像人一样思想和表达，所以，孩子们阅读童话的时候就会进入到另一个奇妙的世界里，听动物思考，看植物做事，和家具交朋友，在这个奇妙的世界里没有错综复杂的人物关系，通俗易懂，也正是因为这些原因，使得童话具有特别的想象美、情趣美、简单美，甚至还有荒诞美，这也是一般意义上的童话魅力。除此之外，童话还有什么魅力呢？

张瑞丽：童话的魅力更在于它对学生成长尤其是精神成长的促进。有人说过："一个人离童话有多远，离文化就有多远；一个国家离童话有多远，离文明就有多远。"所以说，童话是一个人精神发展的基石。

高艳茹：钱理群先生谈道："回想起来，在我的青少年时代，对我影响最大，至今还成为我做人的基本信念的是一篇童话，就是安徒生的《海的女儿》。这篇童话所表现的对人的信念，对美好事物的信念，还有为了这个信念不惜献出一切的精神，都深深地影响了我，一直到今天还在影响我。这其中就包含一种浪漫主义精神。我觉得这种影响对一个人非常重要，也是一个人‘精神的底子’。”

武凤霞：这是我们成人眼睛中的童话魅力，在孩子们眼睛中童话的魅力又在何处呢？

张瑞丽：我曾经调查过三年级的学生，他们说，童话给了他们梦想的天空，沉浸其中就感觉自己生活在幻想的世界里，一切烦恼的事都会忘掉。

翟卫华：二年级的孩子说，喜欢读童话，喜欢里面的王子和公主，还喜欢灰姑娘那一双水晶鞋，喜欢小红帽唱的歌，喜欢青蛙王子会变化，喜欢马良的神笔，花仙子的美丽……他们渴望自己像故事中的主人翁一样具有神奇的力量，梦想自己会飞、会变化，能得到自己想要的一切事物。童话给了学生放飞想象的翅膀，所以他们喜欢。

童话教学中存在的问题

武凤霞：同学们都很喜欢读童话，但是却有很多孩子不喜欢学习童话。这其中存在着怎样的原因呢？

齐艳玲：我仔细观察了一些老师的课堂，发现，一些老师教学每一种课文都是一个模式，一篇好好的童话故事被老师解剖得破碎而理性，“课文主要讲了一个什么故事？用两三句话说一说，文章有几个自然段，分成几个大段？这个词什么意思？去掉和加上有什么不同？……”这一系列的问题使得孩子们在思考、回答的过程中全然忘记了童话的神秘性，忘记了自己在阅读一个有趣的故事。

武凤霞：这就说明问题出在我们的“教”上，在一些老师的眼睛中，所有文章都是学生学习语文知识的载体，而忽略了编者编入童话的另一种意图——唤起孩子们阅读童话的欲望，并在阅读中发展学生的想象能力。这一关键性的忽略导致了学生对童话爱“读”不爱“学”。

翟卫华：对！我也询问了几个学生。有的说：“童话多神秘呀，我们希望一口气把故事读完，然后说说自己喜欢和不喜欢的人物，可是老师总是让我们解词造句。有的时候一句话会让好几个同学来读，一段话读了四五遍了还要读，没意思。”有的说：“学习童话的时候，我最盼望的就是进入角色，披上红色的斗篷，手拿魔法石，做童话故事中的哈利波特。或者做那个可爱的白雪公主，像她一样的说话，可是总没有这样的机会。”

武凤霞：看来一些老师们之所以把童话教得索然无味，一个很重要的原因是没有把童话当作童话去教，在这些老师们眼睛中，一篇篇生动优美的童话和其他任何一篇课文一样，都是让学生识字写字、接受教育的载体，在这样教学思想的引导下，一篇生动优美的童话就变成了一杯难以下咽的苦水。

童话该如何教呢？一句话概括就是：既需要教出“语文味”来，让学生在欣赏童话的过程中提高语文素养，也必须教出独特的“童话味”。那么，怎么做才能达到这一目的呢？这是我们今天交流的主题。

童话应该怎么教

（一）教师应该心有所依

张瑞丽：我认为，要达到这个目的，教师心中首先要建立一个理念。这个理念就是：童话教学要带着同学们在童话所描述的美好事物中徜徉，让学生不仅仅获得知识和能力，同时唤起他们对童话的喜爱，唤起他们阅读童话的浓浓期待。正所谓，有着怎样的目标就会选择怎样的行走道路。

高艳茹：是的。这个目标首先体现在备课环节，阅读文本的时候，教师首先要有一种儿童情怀，不能仅仅从教师的角度去看文本，也不仅仅从知识学习和能力训练的角度去设计教学流程，还要从孩子们的角度去想一想，这篇童话故事中最吸引学生的是什么，明白了教师和学生双方的需求以后，教师备课的时候才能够既关注了语文的基本需求，又能把学生带进童话的意境。让跌宕起伏的情节，牢牢抓住学生的心。

武凤霞：说得很好。理念是每一个教育者心灵依存的东西，没有理念，教学就好比在黑暗中摸索。一个教师只有当他明白需要教什么和为什么这么教的时候，教学才能处于一种有序状态，知识能力、情感兴趣才能得到很好的发展。童话教学也是这样。所以，我们有必要统一一下童话教学的目的，我想，排在首位的应该是学生的学习兴趣，然后是语言的积累，最后才是情感道德价值观的收获。

（二）导课环节要精心准备

齐艳玲：要想培养学生学习兴趣，导入是很关键的一个环节。有的老师在导入的时候总是显得很潦草，要么用一句话“这节课我们学习一个有趣的故事《称赞》”，要么是“在一个美丽的地方，住着两个小动物，一个是小猪，一个是小刺猬，他们之间发生了一件什么事呢？这节课我们来学习一篇新课《称赞》”。类似的导入都不能真正唤起学生学习的兴趣，第一类导入太过直白，不是老师说“有趣的故事”学生就真正认为有趣了。第二类看似能唤起学生的学习欲望，其实这样的语言是没有太多价值的无效言语。因为学生预习的时候早就知道这篇课文讲的是一个什么故事了。所以，我想，童话的起始环节要立足于学生的学习实际，低年级老师可以用绘声绘色的语言把故事讲一遍或者讲一部分，用自己的语言让学生感受到童话的趣味。中高年级也可以让会讲故事的同学讲，并由此引入学生的学习，更能唤起学生的学习期待。

翟卫华：中高年级的导入应该更关注学生对人物及文本深层次的思考。比如说，教学《渔夫和金鱼的故事》这首童话诗的时候，教师就可以这样导入："这节课我们来欣赏一首童话诗《渔夫和金鱼的故事》，相信同学们都读了这首诗，了解了文章的大概内容，这是一篇经典童话诗，诗中的人物已经成为某一类人的符号，那么这首诗因为什么成为经典呢？诗中人物有什么特点呢？这节课我们就近距离走进这篇童话，感受感受其中的魅力。"

武凤霞：对，明晰了自己的教学需求以后，根据学生的学习实际设计教学环节，就能够抓住学生的心理，唤起他们深层次思考的欲望。在欲望的牵引下，学生才能够最快地走进文本，并在一路发现的过程中感受到童话的魅力。

童话学习中，如何才能让学生学得快乐有趣，扎实有效呢？

（三）朗读是童话学习的主体

高艳茹：我认为，最重要的一个教学手段是朗读。朗读，尤其是有表情的朗读，或者是表演读，很容易让学生真实地走进故事情景中，与文中人物融为一体，高兴着对方的欢喜，痛苦着对方的哀伤。朗读能消除儿童与童话之间初次相识的陌生、疏离和对立，逐步走向我即是你，你即是我的和谐境界。在这个境界里，分不出感觉和感觉者，两者已经完全合一，整个意识中都充满了一幅美的图画，这时学生体会到的是一种忘怀一切的解放感、自由感和难以言语的精神愉悦。

《纸船和风筝》是一个很有趣味的童话故事，一位老师在引导学生体会小熊收到纸船的快乐时用朗读的手段让学生表现，学习效果就很好。

师：（把纸船送给一个同学）松鼠把纸船托我给你送来了，高兴吗？快读出来吧！（师送纸船）

师：小熊不仅收到了礼物，还得到了朋友真诚的祝福，他当然很快乐了。快乐的小熊，你再来读一读吧。

师：我能够从你们的朗读中知道你收获了多少祝福，谁再来读一读？

师：不知道是谁还为小熊带来了美丽的音乐，伴着音乐，小熊的快乐会成倍增加。小熊们，让我们一起读！（学生读得很有感情）

在这一片段教学中，读贯穿始终，在朗读中学生达到了物我两忘的境界，当时，我也在听课，学生的沉醉也深深打动了我。

张瑞丽：的确，书读百遍的好处人人皆知，朗读中，语文知识的学习和语文能力的训练在不知不觉中得到了落实，而且文本语言的魅力和遣词造句的精妙也在悄然无息地润泽着孩子们；同时具体、可感的形象和生动的生活图景也会活跃在孩子们的心里，形成一幅幅生动的画面，使学生如临其境，如见其人，如闻其声，于是，语文学习中一种很重要的能力“由文变画”的能力也就在这一次形象可感的朗读中逐步形成。

齐艳玲：朗读很重要，学生也很喜欢，现在很多老师也都很注意加大语文学习中朗读的分量。但是，不是运用了朗读手段学生就喜欢学习，读得无精打采的现象也经常在我们的课堂上出现，所以，我想，教师在教学中还应该注意如何让朗读的作用发挥到最大。这就是朗读方法选择的问题了。听课中，尤其是听家常课的时候，我发现很多老师朗读指导很粗糙，这种粗糙主要体现在朗读方法的单一上，单一就会带来乏味。所以，教师要根据教学内容确定什么地方自由读，什么地方指名读，什么时候该齐读，什么时候分角色读，表演读、配音读、提示读等等让学生不时处于一种亢奋状态，很有兴趣参与到朗读中来，这也是教好童话非常重要的一个方面。

武凤霞：大家说的都很好。朗读是教学童话的一个很重要的手段，只有在朗读中学生才能离开自己所处的现实境界，产生恍如走进童话世界的感觉。刚才几位老师的谈话也带给我一点启发。在童话教学中教师要有意识把学生和文中人物合二为一，在学生朗读或者发言中尽量不要用“谁来读一读小白兔的话?”“你猜猜小熊在想什么呢?”“谁知道小狮子为什么这样做?”“大家都欺负丑小鸭，这个时候她会对妈妈说什么呢?”这一类的问题让学生思考。因为，在这些问题面前，学生是作为旁观者出现的，是第三者，他去用自己的心揣度别人的心理，话语虽然能够说得很精彩，但是不能从心理上唤起他们的共鸣。所以，优秀的教师在引导学生思考的时候一般会进行角色互换：“小白兔，你用什么样的语气对小灰兔说这句话呢?”“可爱的小熊，此时你在想什么呢?”“勤奋的小狮子啊，你为什么这么刻苦练习本领呢？告诉我们可以吗?”“可怜的丑小鸭，大家总是欺负你，来，妈妈在这里，把你心中的委屈告诉妈妈吧。”这样，在言谈诉说中学生就达到了阅读中的“有我之境”，有“我”在，故事的生命力就彰显出来了。

(四)“幻想和想象”童话教学的特色

武凤霞：老师们对于朗读之于童话学习的重要性和如何指导学生朗读说得很清楚了，但朗读是语文学习的一个共有手段，无论是诗词教学，还是童话神话的教学，乃至普通的故事和说明文教学，都离不开朗读。这样想来，童话教学应该有其独具特色的地方。老师们想过么？这种特色应该是什么？（老师们沉默）

刚才大家交流对童话的认识时，谈到了童话“幻想和想象”的特点。“童话作为最能代表儿童文学艺术精神的独特的文学样式，其艺术上的价值功能主要是靠幻想特征来实现的。童话是人类幻想精神的家园。”所以，童话有别于其他文体教学的一个重要方面就是凸显“幻想和想象”的特点，培养学生的想象能力。教学中如何以文本为载体，培养学生的想象能力呢？

翟卫华：要培养学生的想象能力首先要让他们感受到童话中的想象美。感受美也是一种能力，不同阶段的学生应该有不同的教学方法。对于低年级的学生尤其是一年级的学生来说，语言文字所描述出来的美丽画面需要用一些具体直观的图画、剪贴画、影视片等呈现出来，让童话中所描绘的景色和人物变成能够看得见、摸得着的具体可感画面出现在他们面前。这些图片最好和童话中的语言文字配合出示，让学生明白这样的文字叙述的就是这样的画面。当然，在再现童话形象时，不能把生活中的、自然界中的人和动物的本来面目原原本本地照搬到童话中来，而是要像故事一样把其中的人物拟人化。例如《小白兔和小灰兔》这篇童话，主人翁是两只小兔和老山羊。如果教学中我们呈现画面的时候呈现出来的是自然界中见到小兔和山羊的模样，那就会使童话故事本身与画面脱节，学生看着这些常见的小动物是无论如何也不能和童话中那些会说话、能劳动的动物统一到一体的，童话的魅力也许就因为这样的写实的画面而减掉很多，甚至完全失去魅力。所以，图画中的小动物一定要像故事一样人格化，让他们像人一样站立起来，还要像人一样穿上漂亮的衣服。

高艳茹：不仅仅要拟人化，还要夸张化。童话形象只有在夸张的时候才更能够生动传神。例如《小蝌蚪找妈妈》这篇童话，那些小蝌蚪要把脑袋画得又大又圆，再骨碌上一双黑白分明的大眼睛，细细长长的尾巴甩在身后，那可爱劲在这夸张中就体现出来了。颜色也要鲜亮，让青蛙穿上翠绿的衣裳，让鱼妈妈多几条五颜六色的彩纹，这样，整个画面就美了起来，印刻在学生头脑中的图画就是色彩艳丽的彩照了。故事和画面的统一会让他们更直接感受到童话的趣味，对培养他们的想象能力很有好处。

齐艳玲：两位老师说得非常好，在低年级学习时教师把文字变成图画，让学生直观感受文字所表述的画面是培养学生想象能力的重要一环。这就仿佛给了学生们一个想象的模板，在脑海中建立起来文字和画面的联系以后，再逐渐抽掉这个模板，也就是说，到了中高年级要尽量少的出现形象的画面，更多的应该靠学生自己的想象在头脑中建构文字所描绘的画面，想象能力就是这样逐步提高的。

武凤霞：听大家说到这里，我有一点小小的提醒。在把文字变成直观画面的时候一定要尽力表现出文字所描绘的意境美，画面是对文字美的具体呈现，它应该对文字起着积极的补充作用，千万不能潦草作画，这样不仅不能够培养学生的想象能力，反而会破坏语言文字所描绘的意境美。

听课中我还发现一些老师喜欢让学生作画，这种做法几乎都不成功，学生要么画得很慢，要么画得乱七八糟，不要说美丽了，整个惨不忍睹。一位老师在教学《巨人的花园》 课时，让学生分四个组分别画春夏秋冬花园的美丽景色，最后展现出来的春天是稀疏的绿色的小草，夏天是圆乎乎的着色不匀的大树，秋天的果实什么颜色都有，最可怜的是画冬天的孩子们，他们迟迟不知道如何把雪在这一张白纸上画出来。这不怪学生，就连画家也不一定能画出童话作家心中想象的那种美丽来。所以，感悟文字所描绘画面的最好手段是想象和描述，不要轻易把想象写实。

张瑞丽：教学童话时，要想培养学生的想象能力，就不能点破或经常提醒学生故事是虚构的，甚至教师也要和学生一样相信故事的真实性，只有这样，学生才能纯粹的阅读，才能不影响对童话的兴趣，也只有相信故事的真实性，才能在心底真正感受到童话世界的美好，在不知不觉中受到熏陶和教育。比如《两只小狮子》中，勤狮子勤学苦练滚扑撕咬本领，而懒狮子却懒洋洋地晒太阳，这样的性格与儿童很相似。即使我们不点破，学生也能够隐约地悟出勤奋对于人的重要性。如果我们一定要告诉学生：其实生活中没有这样的事情，作者是通过两只小狮子教育大家要勤学苦练，不要做一只懒狮子。那么好了，这篇童话不仅不可爱了，学生甚至会很讨厌这篇童话，从而产生一种抵触。

齐艳玲：是的。童话就是童话，它来源于生活，和生活有千丝万缕的联系，但又有别于生活。不能拿童话的真实性来说事，那样就会违背了童话教学的原则。

翟卫华：引导学生幻想和想象还有一种不可忽略的方法，那就是依据课文的写作。一篇优秀的童话都不会在结尾处画上句号，意犹未尽几乎是每一篇童话的特色，这样就给学生提供了很好的练习想象的机会。比如，学了《两只小狮子》以后写它的续篇，学了《陶罐和铁罐》以后引导学生想象：如果有一天陶罐和铁罐再次相遇，你们知道还会有什么故事发生吗？因为有作家的童话为蓝本，凭借着自己充满童真童趣的想象力写一篇文章并不困难，事实上学生对这样的写作很感兴趣。

武凤霞：在这样的想象练习中，教师切记不要用合理性来要求学生，只要想象奇妙，不出现前后矛盾或者有头无尾的现象都应该给予热情的肯定。

（五）要在感性的学习中保证故事情节的完整

高艳茹：其实很多老师在教学童话的过程中很注意培养学生朗读，也比较注意学生想象力的培养，但是课堂依然上得索然无味，这是为什么呢？

武凤霞：我也发现了这个问题，也认真观察和思考过，发现一个很重要的原因是教师在教学童话的过程中没有关注故事的完整性，把一个完整的故事分成几个片段进行教学的做法本身没有问题，问题是教师习惯于对自己认为重要的、适合进行训练的段落反复打磨，直到学生失去了兴趣还意犹未尽。这样所谓的重点训练关注了点的获得，却忽略了篇的重要，学生获得的词句积累和读说能力是以牺牲整篇课文的学习兴趣为代价换来的，这的确得不偿失。

高艳茹：有的老师还喜欢品词析句，对于重点段落的重点词句往往是“解释”“换词”“选择填空”“朗读”“背诵”各种手段一拥而上，每一段都这样详细深入，甚至学习方法也没有多大变化。这样一路解下来一篇优美的文章早已变得支离破碎，哪里还有丝毫童话的情趣呢。

武凤霞：所以，童话教学中一个很值得关注的问题就是要保证故事情节的完整性，除了重点段落作适度的品析以外，要注意让学生在整个童话故事的空间里去思考，尤其是中高年级的学生，教师的问题不要局限在一词一句中，所提问题的空间要大，要让学生站在全文的空间去观察和思考。比如《九色鹿》这篇童话，语言文字本身并没有难以读懂的地方，它的难点和重点都应该是学生在阅读中对文中人物的理解和认识。所以，教学这篇课文就不用逐段仔细学习，在学生熟读课文，把握主要内容，了解了故事中几个人物以及它们之间的关系的基础上，教师就可以让学生谈对文中某一个人物的看法，并要引用文中词句来支撑自己的观点。如此，学生就能站在全文的角度来思考，故事也就会以一个完整的形象根植于学生的心中。

张瑞丽：我认为，童话教学还有一个重要的方面，那就是一定要淡化甚至杜绝理性的分析和思考。听课中我发现，有的老师在教学中喜欢追问“为什么”，喜欢探究“反映了什么”“说明了什么”，这些关于什么的思考马上就把学生带到了一个理性解析的状态下，任何一个美的事物在人的审视解析下都会变得生硬而无趣。童话也是这样。童话是以儿童的眼睛看世界的，是感性的，所以，童话教学最好的方法是从感性的角度引导学生去感受童话中的人和事。例如，一位教师在执教《去年的树》时，问：“同学们，你们读到‘去年’这个词时，有什么感觉?”“感觉树已经离去。”“感觉这已经成为过去。”“感觉这树已经不在了。”学生回答。这节课的教学就这样从同学们自己的感觉中启程了。

（六）经典童话的教学要和原文对比阅读

翟卫华：我们语文教材中所选择的童话有相当一部分是名家名篇，是流传了几百年的经典，比如《丑小鸭》《去年的树》《巨人的花园》等等，这一类童话的教学和其他的普通童话教学应该有什么区别呢？我想听听大家的意见。

齐艳玲：我想这一类童话之所以成为经典应该有两方面的原因，一方面是内容积极向上，能够带给人们生活的启迪，一方面是语言优美精炼、富有童真童趣，所以学习这样的名家名篇应该让学生多积累语言，品味语言的精妙所在。

武凤霞：教学经典童话时可以适度插入原文，进行对比阅读，我曾经执教过《巨人的花园》这篇童话，是英国童话作家王尔德的代表作。教学中，我就采用课文和原文对比阅读的方法进行，学习效果很好。

比如在教学“春天终于来了，村子里又开出美丽的鲜花，不时传来小鸟的欢叫。但不知为什么，巨人的花园里仍然是冬天，天天狂风大作，雪花飞舞。巨人裹着毯子，还瑟瑟发抖。他想：‘今年的春天为什么这么冷？这么荒凉呀……’”这段话时，我先让学生用上因为……所以……这一组关联词把自己推测的原因说给假想中的巨人，然后引入“由于看不见孩子们，小鸟便无心唱歌，树儿也忘了开花。有一朵花儿从草中探出头来，看见那块告示后，它对孩子们的遭遇深感同情，于是又把头缩回去，继续睡觉了。”这一段原文验证同学们的猜想，接着又引入了“雪和霜对此乐不可支”“春天已忘记了这座花园”，他们叫喊着，“这样我们可以一年四季住在这儿了。”雪用她那巨大的白色斗篷把草地盖得严严实实，霜也让所有的树木披上假装，随后他们还邀来北风和他们同住。北风应邀而至，穿一身毛皮大衣，他对着花园呼啸了整整一天，把烟囱帽也给吹掉了。“这是个令人开心的地方，”他说，“我们还得把冰雹叫来。”于是，冰雹来了。每天三个钟头地不停地敲打着城堡的房顶，房上的石板瓦被砸得七零八落，然后又围着花园一圈接一圈地猛跑起来。他浑身上下灰蒙蒙的，呼出阵阵袭人的寒气。这一段话，使学生通过对原文的阅读清楚地认识到巨人花园与众不同的原因。而且，原文中美丽灵动的文字对学生也是一种熏陶。

（七）文本含义多元解读

武凤霞：童话通俗易懂，是对学生进行思想熏陶的一种重要的文体，低中年级的童话故事中所蕴含的教育意义透过文字一般能清晰地呈现在大家面前，比如《小鹿的玫瑰花》一课，体现了“为别人创造幸福，自己从中也能得到快乐”的教育思想，《陶罐和铁罐》一课告诉了学生“每个人都有长处和短处，要善于看到别人的长处，正视自己的短处，相互尊重，和睦相处”的做人道理。和老师们交流的过程中，他们普遍反映揭示童话中蕴含的意义是教学的难点所在，也常常有人为此讨要方法。对这个问题，老师们有什么想法呢？

翟卫华：我想，老师们之所以会感觉到难，主要是因为大家总不由自主的用教参书上给的标准答案来要求学生，童话和其他文体一样，每个人阅读都会有自己不同的思考和收获，所以，不要用别人的甚至是成人的思考去要求每一个学生的答案，要允许他们说得粗糙、说得不完整，甚至说得不一样，只要得出的启示、收到的教育积极向上都应该得到肯定。

高艳茹：我同意卫华老师的说法，如果几十位学生面对一篇文本得出统一的启迪那才是一件很可怕的事情。每一篇文章所蕴含的价值都是多元的，教师不能用一种情感统一要求所有的同学，也不能用成人的思考结论要求学生。在学生喜爱的童话课堂上，教师应该站在学生的角度去解读文本，与他们一起分享童话世界中的喜怒哀乐，把童话中一些深刻的东西，留待以后去品味，去思索，去体验。

张瑞丽：其实一篇童话之所以能够成为经典，和它解读的多元有着根本的联系，比如学习《去年的树》，就可以得出这些解读：

去年的树，曾经的绿色，曾经的家园，曾经的快乐，曾经的美好……

去年的树，永远的回忆，永久的思念，永恒的回忆，永远的朋友，永远的遗憾……

去年的树，今日的灯火，今日的寻找，勇敢的面对，不懈的追求，可贵的诚信……

去年的树，让我们懂得珍惜今日，珍惜今日的绿色、今日的家园、今日的朋友、今日的快乐、今日的一切……

在如此众多的感悟中，追溯哪个最正确已不重要，重要的是孩子们自己感悟的过程。

齐艳玲：作家毕淑敏在谈到童话时说，很喜欢安徒生的《海的女儿》，她对这篇童话的认识随着年龄的增长而变化：

大约 8 岁的时候，第一次读到人鱼公主的故事。读完后泪流满面，抽噎得不能自已。觉得那么可爱和美丽的公主，居然变成了大海上的水泡，真是倒霉极了。

大约 18 岁的时候，又一次比较认真地读了人鱼公主。这一次很容易地就读出了爱情。

到了 28 岁的时候，做了妈妈，再读这篇童话，强烈地感受到了这位老奶奶的慈悲心肠和对人鱼公主的精神哺育。人鱼公主的勇气和聪慧，包括无比善良的玲珑之心，都不是从天上掉下来的，诸多得益于她的祖母。

到了 38 岁的时候，开始写小说，不由自主地探讨起安徒生的写作技巧来了。

现在 48 岁。仿佛天眼洞开，有了一番新的感悟。这是一篇写灵魂的故事。无论海底的世界怎样瑰丽丰饶，因为没有灵魂，所以人鱼公主毅然离开了自己的亲人。这个悲壮而凄美地寻找灵魂的故事，是如此地动人心弦，常读常新。

武凤霞：是啊，因为人生阅历不同，所以不同年龄、不同层次的人对同一篇童话会有不同的感悟。教学中，一个聪明的老师不会用

48 岁人的思考要求 8 岁的孩子，当人生的感悟没有达到的时候，再深刻的思考留在学生心中的也是零，或者是负数。所以说，学生得到的启发只要是积极向上的都应该得到肯定，这样，让童话变成孩子们向往的放飞心灵的花园，他们就会爱上童话，甚至爱上文学，这就为孩子一生打下了温暖的底色。

结束语

武凤霞：老师们，今天我们交流了童话和童话教学，在大家的发言中，我相信在座的每一位老师对童话教学都有了一个清晰的路径，但是，具体到一篇课文该如何教，当然应该因人、因文而定。只要我们把每一篇童话都当作导引学生走进童话大门的钥匙，那么我们的教学就有了依据，课堂也就会变得多彩、有趣、扎实、有效。让我们共同期待。

作文指导的误区探源

我知道，对于很多同学来说，作文，是语文学习中的第一怕。因为害怕作文而不喜欢语文的学生大有人在。孩子的怕自然引来了家长和老师的担忧，于是，为了提高孩子的写作水平，很多家长买来了各种各样的作文选，不惜花费许多钱财和精力为孩子报了一个又一个作文训练班。这样一路看下来、读下来、学下来、写下来，按说，孩子的作文水平该有很大提高才对得起这样的付出，但结果却是除写好了老师指导的几篇作文以外，其他的文章依然写不好，提起作文依然头疼。这是怎么回事呢？我们来分析分析在投入了很多精力以后作文依然写不好的原因。

我认为，归纳起来，主要有这样几点：

原因之一：把读作文选当做快速提高作文能力的捷径。

很多老师、家长总以为读作文选是提高作文能力最直接最有效的途径。因为，作文选中的作文很多是学习中要写的题材，再加上是孩子同龄人的作文，所以，当孩子对着作文题找不到素材的时候，作文选可以打开孩子的思路。老师、家长们的想法是好的，殊不知，对孩子来说，范文在手恰恰阻碍了他们作文能力的提高。因为，仿写比创作容易得多，尤其是在写作文过程中会忍不住从范文中拿来相关的段落为己所用更是容易。还有的聪明孩子，在借鉴作文选上的段落时，怕写的太好被老师发现，或者让同学们不相信，就故意把原文中一些优美的词句删除掉，留下其中一部分用在自己的作文中。如此，所“做”文章即使得了高分，也不证明学生有了和这一分数相匹配的作文能力。况且，这样写完一篇文章以后脑子中依然是空空的，下一次见了相同题材的文章依然不会写，不知道怎么写。

有的家长可能会说，我的孩子从来不摘抄作文选中的段落，为什么作文水平依然不能提高呢？江苏的管建刚老师对这种现象说过一段很精辟的话：

作文选上的作文是小学生写的，在老师的眼里是优秀，是满分作文，你读它，学习它，学七成只有70分，学八成只有80分。要想使孩子真正具有优秀的作文能力，一定要读真正的书，作家的书，流传已久的书。作家的书在老师的眼里是200分的。孩子读这种书，学五成也是100分。

这话说得很有道理。试想，很有悟性的孩子认真学习才能学个七八成，如果孩子悟性一般，能学几成呢？六成？还是五成？如果追求的是速成——摘抄其中某些语段或章节，为自己的文章增添色彩。那么，别说七成了，连四成也学不到。

所以，要想通过读书提高作文能力，必须要多读经典的书，学习作家的语言表述方式和构思。这样写出来的文章才能有“大家风范”，才能有孩子自己的个性，而个性的才是优秀的，才是有价值的。当然，这种做法不会立时见效，是需要有一定时间的等待的。但这个等待我认为有价值，因为，这是从根子上解决写好作文的问题。哪些书是经典的书呢？经典的书很多：比如绘本，几乎本本都经典。还有儿童世界名著——《安徒生童话》《格林童话》《绿野仙踪》《青鸟》《海底两万里》《环球八十天》《小王子》《毛毛》《夏洛的网》等等。到书店看看，这些世界名著都在打折区，因为他们不是流行书。也正因为他们不流行，所以能走到今天必定是经典。有的老师和家长说，喜欢让孩子们读世界级的经典名著——《红楼梦》《悲惨世界》《茶花女》《西游记》《水浒传》等等。这些书当然是好的，但是要根据学生的实际量力而行。不能忽视学生的年龄特点一味求厚重，这样也起不到很大作用。我个人认为，孩子读书是有一个梯级的：儿歌——童话——其他儿童文学——成人经典。儿童阶段是善于幻想的阶段，这个阶段最需要经典的儿童文学的润泽，把他们的心灵浸泡在优美的、富于幻想的文字中，过了这个阶段，就再也找不回童年阅读童书的感觉了。

原因之二：忽略了背诵与写作的关系。

我们都知道，所谓的作文就是用文字记录生活，用文字表达思想和情感。所谓的作文能力强就是能把一件事、一个事物、一种情感用合适的语言准确的表达出来。那么，准确、生动的文字从何而来？孩子们自己是不具备造词能力的，只能是把作家的语言装进自己的头脑中，用规范的书面语来替换自己的口头语。但是，世界上没有哪一种语言是能够自己跑到一个人的大脑中去的，所以，把规范、准确、优美的文字装进自己头脑的最直接的方法就是背诵！而且，这是唯一的方法。语言装得多了，词汇就丰富了，在需要的时候就能够用合适的词语表达所要表达的情感、描述所要描述的事物了，更重要的是，这些词语经过新的排列组合后，就变成了孩子们自己的语言了。所以，一定要让孩子们多背诵，背诵可以说是提高孩子作文能力的最快捷的途径。

同时，背诵不仅仅能帮助孩子们积累语言，还能够积累语言表达的技巧。写作文不是只要大脑中有词汇就能写好的，写文章就如盖高楼，一词一句相当于砖砖瓦瓦，要把他们累积起来，如果没有一定的顺序，缺乏相当的技巧也是不行的。我们常常羡慕别人的文章写得漂亮，常常遗憾同样的一件事自己写来却了无生趣。其实，造成这种差别的根本原因就是表述的方法和词语运用能力的不同。所以，词语积累只有达到一定数量的时候，写文章时我们才能随意组合；也只有积累了很多表达方法以后，写文章时才能根据需要信手拈来，或者创造出自己特色的表达。因为，量的增加能够促成质的提升。

所以，建议让孩子一要多背诵儿童诗歌，诗歌是语言的艺术，优美、精炼、富有灵性，多背诵可以使孩子们的语言简洁灵动；二要背诵优美篇章和经典句段，用规范的书面语替换孩子的口头语；三要多背诵古典诗词，不仅涵养气质，作文中如果能信手拈来，就会让文章大为增色。如此积累得多，孩子就能够根据自己的需要随意组合，表达出甚至准确表达出自己要说的事和要抒发的情感了。

原因之三：缺少素材的积累。

很多时候，一说写作文，同学们不仅是缺少词汇，更是不知道写什么事，经常看到有同学在作文课上冥思苦想一节课，还迟迟动不了笔，问问原因，不同的同学几乎都有着同样的答案——没有想起来写什么。即使写自己最熟悉的妈妈，有的同学也要冥思苦想，甚至不同笔下的不同妈妈做的是同样的事情。这是为什么呢？怎么天天经历各种各样的事——好的坏的、成功的失败的、无聊的有趣的、自己亲自参与的、听别人说的等等大大小小的事就一件也记不得呢？甚至在得到提醒的时候还茫然不知，有时即使想起来这件事情的前因后果了，也说不清楚事件中人物的语言、动作。于是，只好笼统地把事情交代一下完事。其实，不能这样埋怨孩子们，因为很多事情发生的时候孩子们根本就没有去注意，或者说根本就没有当回事，更别说去有意识记忆事情发展过程中的细节了。没有这些积累，如何在需要的时候拿来作为写作素材呢？所以，平时加强对人对事的观察，做一个有心人是写好作文非常重要的前提条件。什么是有心人呢？就是能够把身边的事看在眼中，记在心里。不是把事情当作一个热闹看，而是当作素材积累下来。

如此，孩子们就需要准备一个积累本，这个本不是交给老师看的，也不用要求字写得多么工整漂亮，只要把看到的听到的自己感兴趣的事或简单或详细地记录下来就可以了，不用刻意追求遣词造句的规范，仅仅是作为一种备忘积累下来。这样，当遇到这一范围内的作文时，我们只需要在原来的基础上再现事情详细经过或者只是在原来记录的基础上润色一下，就可以成为一篇个性鲜明的好文章了。

原因之四：作文练习次数少，质量不能保证。

孩子们日常的作文练习有两大类：一类是跟着教材走的正规作文，这类作文一般都在单元结束的时候，由编者提出一个统一的要求，教师进行详细指导的作文。另一类就是日记。

教师和学生都很在意第一类作文，一篇也不会少写，有几个单元就写几篇，这几篇是老师严格要求的文章，基本上是要求人人过关的。为了让每一个学生过关，老师会采用写了改，改了写的做法，有的时候要反复数遍。但是，学生的作文能力绝不是这八篇文章就能够练出来的，因为，一个学期一般有 20 个周，平均两个多周写一篇文章，这对于学生写作能力的练习远远不够。所以，有的老师把日记当做作文来练。即使这样，每周也最多2～3篇，很多学生对日记的重视程度很不够，应付敷衍的占相当大的数量。再加上老师的批改鼓励不能及时跟上，依靠日记进行作文练习几乎也是形式。但是写作没有什么捷径可走，写文章是一个技术活，必须要多写才能掌握其中的窍门。

那么怎么能让孩子们愿意写作呢？我建议大家为孩子们建一个博客，把他们写的文章发到网上来，同学朋友之间互相串串门，鼓励鼓励，孩子们就会有一种成就感。当他写出习惯的时候，写作文就成了一种乐趣。

但是写什么呢？可写的内容很多，给大家一点建议：

1. 模仿经典

我们经常读书，读文章，很多世界级经典的诗、文、书都短小精悍又极富童真童趣，很适合模仿。比如，金子美龄有一首诗，叫《我、小鸟和铃铛》，诗是这样的：

我伸开双臂，/也不能在天空飞翔；/会飞的小鸟却不能像我，/在地上快快地奔跑。

我摇晃身体，/也摇不出好听的声响；/回响的铃铛却不能像我，/会唱好多好多的歌儿。

铃铛、小鸟、还有我，/我们不一样，我们都很棒。

我们五年级的一位同学读完这首诗以后，就仿照着写了一首《我、爸爸和妈妈》，诗是这样写的：

我有一位爸爸，/我有一位妈妈，/爸爸很健壮，/妈妈很能干，/

别忘啦，还有聪明的我。

我没有爸爸那么健壮，/爸爸没有我这么聪明，/我没有妈妈那么能干，/妈妈没有我这么漂亮。

爸爸、妈妈还有我，/我们不一样，我们都很棒。

这首诗写得很有特点，抓住爸爸妈妈和小作者自己的不同优点放在一起比较，让每一个人都有了自信。

不仅诗可以仿写，现在流行的图画书也非常适合仿写。很多老师还专门开辟了用图画书为载体教学生写作的课程，有一位同学读完《逃家小兔》这个绘本故事，就和同学一起创作了一本自己的《逃家小兔》，故事是这样的：

从前有一只小兔，它很想离家出走。有一天，它对妈妈说："我要逃走了！"妈妈说："你要是逃走了，我就去追你，因为，你是我的小宝贝啊！"

"如果你来追我，"小兔说，"我就变成一片树叶，躲在大树上，让你找不到我。"

"如果你变成一片树叶躲在大树上，"妈妈说，"我就变成大地，让大树长在我身上，时刻都能看见你。"

"如果你变成大地，"小兔说，"我就要变成小鸟飞到云彩里，让你找不到我。"

"如果你变成小鸟，"妈妈说，"我就要变成蓝天，让你永远在我的怀抱里飞翔。"

"如果你变成蓝天，"小兔说，"我就变成水滴藏在小溪里。"

"如果你变成水滴，"妈妈说，"我就变成大海，让你自己流向我心里。”

“如果你变成大海，”小兔说，“我就变成一个小孩，跑到离大海很远的家里藏起来。”

“那我正好就是你的妈妈，我会张开双臂抱住你的。”

“天啊，我怎么也跑不出你的怀抱，”小兔说，“我还是乖乖的呆在家里，做你的小宝贝吧！”

它就这么做了。

“来根红萝卜吧！”妈妈说。

虽然这些仿写都和我们教材的作文无关，但这又有什么呢？语文书要求训练的作文本就只是我们写作练习的一小部分内容，不应该也不是全部。只要能让我们的孩子学习作家的表达方法，只要他们有东西可写，愿意写，能写好，就是有价值的练习。

2. 分类写片断

平时的作文练习中，同学们每次不一定要写一篇完整的文章，因为，这样花费的时间比较多，还不见得有什么好效果。可以列一个作文训练计划，根据计划写片段。分阶段练习“开头”“结尾”“细节”“对话”等等内容。建议大家在开始每一个内容的训练时，都要先阅读别人的文章，找出各种风格各种形式的片段，仔细阅读，发现特点以后，再分别练习。有这么多方法在头脑中留存，我们在写作文的时候就可以根据自己的需要选择，如此，你想写不好作文都难。

原因之五：写好了就是完成任务了，不认真修改。

经常看到很多学生写作文都是一遍成功，直接写到日记、作文本上，这固然和时间紧，没有时间打草稿有关系，也和同学们不愿意打草稿有关系。这样一遍成功的作文仅仅适合少数作文能力强的孩子，对大多数普通的学生来说，写完以后的认真修改必不可少。一句古语说得好，“好文不厌百回改”，意思就是说好文章是改出来的。但是，同学们呢，往往最忽略的就是修改，文章一遍成功，上交到老师手中就万事大吉了。至于说文章写得怎么样，用词是不是准确，有没有更好的表述方法，有没有自己的个性等等则全然不顾。其实，文章也像一面镜子，你怎么对待它，它就怎么对待你。你不为文章负责，文章也就不为你负责。写作能力是在一次次自我的严格要求中提升的。

我的建议是让孩子每写完一篇文章，都要出声朗读几遍。不要小看朗读，在朗读中，不通顺的句子，错别字，以及写得不清楚不到位的地方，在朗读中都能被孩子自己发现，从而把文章修改得接近孩子作文的最高水平。还可以和同学互相修改。这样，孩子的文章就会越写越好，自然，写作能力也就越来越强了。

原因之六：没有掌握一定的作文方法和技巧。

作文是一个技术活，写作文是有一定技巧的。但孩子们在读书作文的时候不善于思考发现和积累，以至于什么样的题目该选什么样的材料心中都不清晰，不同题材的文章怎么开头，怎么结尾，用什么方法描写生动具体，心中没有一个清晰的概念，所以，文章写出来就显得没有味道，不能打动读者。

所以，建议老师一要教给孩子们审题的方法，培养他们审题的能力。二要让孩子多积累一些表达方式，比如，开头的方法、结尾的方法、细节描写具体的方法等等。如此积累得多了，布局谋篇的能力也就强了，再加上头脑中词汇的丰富积累，写好作文自然也就不在话下了。

第二辑　在学习中建立起行走的坐标

在学习中建立起行走的坐标

上海，注定要成为我生命历程中的转折地和加油站。2001 年上海华东师大三个月的“跨世纪园丁工程——国家级骨干教师培训”让我难忘这所繁华的都市，难忘校园中静谧的丽娃河。就是在这里，我开始走上了由“匠”到“师”的转型道路。没想到，六年后的 10 月 7 号，在我由教师走向校长岗位两个多月的时候，我再一次走进上海，参加骨干校长培训，我知道，这一次，上海将帮助我完成第二次转型。如果说，2001 年的华东师大之行满怀着陌生的向往，那么这一次的上海之行更多的是清醒的期待。从接到培训通知的第一天起，我就告诉自己，要拿出七年前的态度对待这一次的学习。但遗憾的是，由于学校推不开的原因，本次培训我只听了一部分专家报告，几乎错过了所有到名校考察的机会。即使这样，我依然感到了收获的沉甸甸。通过培训让一些曾经模糊的职责和身份有了清晰的定位。

首先，培训观念的定位——重方法的传递，更重理念的形成。

因为经常作为培训教师参与到教师培训的工作中来，所以，本次研修班最先引起我思想共鸣的是上海师范大学、上海师资培训中心朱纪华教授报告中对于培训的定位。他说：培训重要的不是得到方法，而是形成一种思维理念。在这里不要试图去寻找一个学校成长壮大的方法，而应该从中提炼支撑它行走的教育思想。我在心中为朱教授鼓掌，因为，他谈到的问题是很多承担师资培训任务的专家名师们所忽略的一个重要的问题。

反思我们曾经经历的各种各样的培训，不难发现，即使是很著名的校长、名师在培训过程中最喜欢的教学方法就是讲故事。我曾经听一个著名的校长为我们讲了三个小时他们学校的故事，一个接一个，个个精彩。教室里也不时传来笑声和掌声，会后还得到了很多人啧啧的称赞。但是这笑声和掌声过后留下了什么呢？我想，对很多人来说，也许除了感叹惊讶以外，是“鸟儿已经飞过，天空不留痕迹”。我曾经就这种现象和培训主办方的负责人做过沟通，因为，我们不仅仅需要故事，更需要引领故事的灵魂，我们需要站在高处俯视这些曾经的故事，不需要在一片叫好中欣赏一个学校曾经的精彩。任何一种优秀的方法都是个案，由个案到普遍之间还存在着遥远的距离，人无法复制，学校无法复制，生存环境无法复制，教育方法也无法复制。只有理念是可以复制的。有了理念，何愁没有方法？没有理念，拿了方法比葫芦画瓢也会画走了样。翻开苏霍姆林斯基的文选，我们不难发现，这位教育大师所有的方法几乎都是随着正在发生的事件诞生的，没有别人的教授，更没有提前的方法储备，一切都是在思想的统帅之下派生出来的。

所以，培训应该抛弃浮华和喧闹，带给与会者理性的思考。我想，这是每一个站在台上讲课的人心中都很清楚的，但又不是人人都去做的。为什么明知可为而不为呢？我想，有这几个方面的原因：

1. 听课教师没有深层次思考的欲望。走进一次次培训，我发现，无论是北国南疆，还是城市乡村，几乎所有的听课老师都有共同的特点：拒绝理论，喜欢案例。理论略多，会场就会嘈杂声四起；讲故事的老师，会迎来阵阵掌声和笑声。会后对报告者进行评价，获得掌声最多、笑声最多的老师往往成为最受欢迎的老师。为什么会这样呢？我想，一是因为老师们没有正确的身份定位，没有把自己当作一个“学习者”，而是当作了一个“看戏者”，坐在台下听专家教授的报告仿佛在看一场独角戏。“学习者”和“看戏者”有什么区别呢？前者需要“思考”，后者仅仅需要“观看”，前者需要费心劳神，后者可以轻松自在。不愿以“有坡度听讲”的这种心态，让老师们不约而同选择了后者。二是老师们对培训认识有误区。一个好的听课者不应该把听报告定位于“好听好玩”的层面，而应该寄希望于通过听课接纳新的教育理念，唤醒内心深处沉寂的教育思考，明晰实践中存在的教育迷茫。听课者需求的定位往往左右着讲课人报告的内容，在追求浮华没有市场的时候，思想的传递就成了培训的主旋律。

当然，我这样说并不是否认讲故事的方法，而是希望授课教师把一个个精彩的故事统一在某一个理念之下，用这些精彩支撑并传递独到的教育理念。

培训，很多时候需要把观点亮明。因为，并不是所有的听课者都有能够从故事中提炼思想的能力。

2. 主办方的误导。现在很多培训的主办方不是教学教研部门，而是私有的教育文化发展公司，部分公司搞培训的一个重要目的是经济利益的获得。其中一些主办人不懂教育，他们判断报告优劣的一个重要指标就是听课教师的现场反映。曾经有一个经营者对我说：“讲得怎么样、讲的是什么我都不管，只要老师们喜欢对我来说就是好的。”这样的办会指导思想势必会让培训内容流于肤浅。

3. 培训者对教师和主办方的迎合。每一个教师内心深处都有成为名师、专家的渴求，对于踏上培训者舞台的老师们来说，衡量他们是不是能够担当起名师称号的一个重要指标就是培训的数量和受欢迎的程度。这就使得一些报告者刻意迎合老师们的需求，把传递思想的会场变成讲故事的舞台。有一位名师告诉我说，他已经找到了把报告讲精彩的窍门：报告中不要追求所谓的思想，要追求现场效果，你可以没有多少自己的思考，但你不能没有好玩的、让人发笑的例子，只要老师们听得快乐，报告就成功了。

把引着老师们发笑当作培训的一个重要目的，如此的迎合不是为发展，而是为功利。当一个人的行为被功利制约的时候，他的行为也就失去了存在的意义。

综合这三点思考，我想，一次高质量的培训应该是几方面的共同打造，我们无法左右别人，但是我们可以让属于自己的那方舞台上闪烁思想的光华。

其次，关于学校历史的定位——一个聪明的校长应该学会感恩历史。

我们中国是一个最不会保留历史的国家，很多中国人也最不会感恩历史。但是，我们不能不承认，校园之美在于继承。一个聪明的校长应该学会感恩历史。

无论在小学、中学和大学，看到、听到了太多的推倒重来的事情。不仅仅是学校，就看我们的建筑变化就知道中国人的脾气，九朝古都洛阳只能在出土文物和书籍中去寻找当年的繁华，曾经富贵无比的长安城也只剩下一堵城墙和埋藏在地下的兵马俑在诉说，梁思成的泣泪上书没有挽救北京的宫殿和四合院……“不要让历史都变成数字、文字、图画或照片贴在墙上、收藏在书本里。”湖南师大的刘铁芳教授也曾经发出过这样的呼吁。让历史保留下来，学会感恩历史，这看起来很简单的事情却有很多校长做不到，往往是接手一个新的学校，就否定了历史，一切从头再来！好像过去的是属于另一个人的，崭新的一页必须由自己亲手掀起。有的时候想想也很悲哀，本来这所学校有很多的特色可以继续发扬，但就是随着校长的变化，过去的特色变成了历史，取而代之的是新的特色。其实，特色形成是需要用足够的时间打磨的，没有时间的保证，任何有价值的构想都是空谈。著名教育学者张文质先生也曾经痛心地说：福建一所学校因为换了校长就扔掉了做了多年而且颇有成效的生命化教育实验。张老师说：这位校长真傻，你只需要继续往前走，历史上曾经在这一领域取得的成绩就都是你的了。

是啊，历史是时间的积累，文化需要在时间中沉淀，没有时间的见证，就不会有文化的源远流长。一所学校的历史和一个国家的历史一样，它的厚重都是如同雪球一样滚出来的，那古老的黑白照片，那低矮的房子，甚至那反映着时代特色的衣着发型，排列在一起呈现出的就是历史和文化。如果抛弃曾经的积累，永远都只能处于开始的状态，就如一棵树，新枝总是从老枝上萌生的，这样新老交会，才让大树更加繁茂。如果新枝的萌发是以老枝的生命为代价，那么，这棵树永远都只能是一个婴儿。

所以，聪明的校长是不会在废墟上重建的，他们会使用借力、借基础的方法，轻轻松松地朝前迈进，轻轻松松地为学校打造一个更辉煌的明天。

第三，校长的几重定位。

1. 校长身份的定位——是管理者，更是领导者

关于“管理”和“领导”的区别，我想很多校长没有思考过，这

从当时朱教授问题提出以后，现场所有校长的默不作声可以看出来。是啊，校长，是上级领导给我们的一个身份，在我们获得这个身份的同时，最直接感受到的是自己地位和责任的变化，至于“校长”身份的另一重内隐的含义几乎从没有思考过，或者说根本就不知道这层含义的存在。只知道校长是学校的领导，是做管理工作的人。其实，领导与管理之间是有区别的，管理的特点是约束和监控，领导的身份是影响、引领和指导；管理是把事情做正确，领导是做正确的事；管理是制度面前人人平等，领导是一把钥匙开一把锁；管理的成长靠上级任命，领导的成长是个人的奋斗。

如此看来，一个校长，成为管理者并不难，只需一纸聘书。但成为一个领导者就不是件容易的事情了，这个身份的获得靠自己的思想。一个校长，只有当他能以自己对教育教学的独到思考引领教师行走，帮助教师完善教育行为，使教育的价值达到最优化的时候，才能成为教师心中真正的领导者。

所以，成为一个领导者的校长必须是一个善于学习的校长，也必须是一个善于思考的校长，只有在学习和思考中，才能拥有作为领导者的实力，也才能够做成功的管理者。当两重身份在一个人身上得到和谐统一的时候，才是一个合格的或者是优秀的校长。

2. 校长心态的定位——拥有尊重和宽容

刘冀生校长是一个亲切睿智的校长。刘校长在他的报告中为我们讲述了很多的事情，其中让我感触最深的是他处理学校党员及普通教师和“名门”教师之间关系的案例，在这一次次事件中，刘校长以一颗尊重、宽容和理解的心来看待“名门”教师的做法和言谈，从刘校长引领双方由一次次的交锋冲突到逐步走向互相理解的过程中，我深深体会到拥有一颗尊重和宽容的心，是为校长者必备的素质，也是一个优秀的校长智慧之所在。

但这种必备的素质却恰恰又是很多校长所不具备的。不知道为什么一些人成为校长以后总是不由自主地成为家长，甚至一些校长把老师当孩子一样训斥，把老师中出现的一点点问题当作天大的事情去解剖，去处理。仿佛只有这样才能拥有做校长的尊严。其实，恰恰相反。尊重是一种德行，当你奉献出你的尊重的时候，你更展示出的是你的宽广和伟岸。尊重是一个砝码，当你在人生的天平上将它放上去的时候，你放上的实际上就是你自己在别人眼中的重量。宽容是一种智慧，当你宽容别人的时候，你头顶不是飘扬着投降的白旗，而是闪耀着智慧和博大的光芒。

能够尊重和宽容的校长也能够得到大家的宽容和尊重。

3. 校长事业的定位——成为一个追梦人

教师专业发展最核心的东西是人生的理想追求。做老师要有梦想，要敢于做梦。所有成功人士的背后都有一部辛酸史，只要心中有梦想，梦想就能够成真。

下面这个故事就完美地诠释了梦想的魅力：

英国有一个名叫布罗迪的退休教师，在整理家中阁楼上的旧物时，发现了一叠发黄了的旧练习册，它们是皮特金幼儿园B（2）班31位孩子的教学作文。他根本没有想到，这些作文竟然躲过了战火的浩劫，在布满尘埃的阁楼上躺了50年。

作文的题目是颇为诗意的：《未来我是——》，31个稿子有31个梦想：有想当总统的，有想当内阁大臣的，有想当驯狗师的，有想当领航员的，有想当王妃的，有想当教师的，有想当海军将领的……

布罗迪突然萌发了一个奇想，把这些本子重新发到同学们手中，让他们看看现在的“我”是否实现了50年前儿时的梦想。他在报纸上刊登了一则启事。不久，一封封回信带着问候，也带着对自己童年梦想的好奇，纷纷来到了布罗迪的手中，他们中有功成名就的学者、企业家、官员，更多的是平平凡凡的普通人。

一年过去了，布罗迪手中只剩下了盲童戴维的作文本。他写在作文本中的梦想是当一名内阁大臣。他认为，在英国历史上还没有过盲人进入内阁的先例，他要创造历史。正当布罗迪猜测着各种可能，满怀遗憾地准备把作文本送进一家私人收藏馆时，他收到了英国内阁教育大臣的来信，信中的内容让他大吃一惊也感动万分：

那个叫戴维的就是我，感谢您还为我保存着儿时的梦想。

不过，我已不需要那个本子，因为从那时起，我的梦想就一直在我的脑子里，我没有一天放弃过。50 年过去了，可以说我已经实现了那个梦想。今天，我还想通过这封信告诉我其他的 30 位同学，只要不让年轻时美丽的梦想随岁月飘逝，成功总有一天会出现在你的面前。

其实又何止是老师需要梦想，又何止是戴维需要保持梦想呢？一个学校，要想起步，要想远航，校长首先就要成为一个会做梦的人。冯恩洪、刘冀生、李海林、郑杰……这一连串成功的校长，哪一个不是从“梦”中起航的呢？他们的事业，学校的发展，哪一步不是与“梦”连在一起的呢？我想，不仅仅是他们，几乎所有的校长在做校长的第一天起都和这些名校长一样心中有着一连串绚丽的梦。但为什么走着走着就有人落伍了呢？这里面的差别就在一个字上——“追”，有了梦，你是不是一直在追着这个梦不停地走呢？也就是说：校长，你是不是一个追梦人。只有双脚不断前行的人才会让梦想成真。我们都需要做一个冯恩洪等人一样的追梦人！

4. 校长的职责定位——消除教师的职业倦怠，唤起他们强烈的

成就感

不要说校长的职责定位是建立起一所优秀的学校，任何一所学校都是由教师的双手托起来的，所以，培养教师才是校长的第一要责。

但是，现在全国无论什么地方的中小学教师都存在职业倦怠。而大学的校园里老师们却是在你追我赶，努力实现着自己的人身价值。

为什么会这样呢？我仔细思考，也许其中一个主要原因是人生的定位问题。中小学教师的人生定位就是教好书，把学生教得考一个好成绩就可以了，很少关注个人的专业成长，很多人甚至就生活在一个密封的工作环境中，很少看到外面的世界，很少了解外面教师的成长情况，甚至不了解当下优秀教师所达到的高度。一切都以为自己已经很不错了，或者认为当下的情况已经是很不错的了，于是他们就没有了事业的追求。所以，这就有了职业倦怠。而大学却是另一种生存状态。在大学里，没有学术地位的老师即使你有着深厚的家庭背景也没有立足之地。在大学里，人们更多崇尚的是知识和文化，崇拜的是思想。读书和走出去的经历让大学的老师们知道外面世界的精彩，知道世界范围内这一职业的发展趋势。所以，大学里，不少教师把工作当作一种事业来追求，当作一种命业来看待，于是，就少有了所谓的职业倦怠。所以，引起职业倦怠的原因，不完全在于一个人的生存环境，而更多取决于你的人生定位。

教师处于职业倦怠中的学校永远无法成为一所优秀的学校！

所以，消除教师的职业倦怠是学校发展的首要条件，而帮助他们勾画出心中的梦想，激发他们强烈的成就感是重要的途径。如果一个老师一进学校就心烦，他是不可能热爱这所学校、热爱学生的。

所以，一个优秀的校长，要帮助老师清楚认识自己当下所处的成长发展阶段，制定出不同的发展目标，写出个人的发展规划。这其实是让老师们为自己铺一条心路，然后顺着这条路有计划地成长。

在帮助教师成长的过程中，好的校长总是要让老师有着强烈的成就感，而不是强烈的挫折感！这其实就是为我们校长的职责进行了定位。反思和老师们交往的经历，让老师们拥有强烈的成就感并不是一件困难的事情，在他们做出成绩的时候我们只需要送上我们的欣赏，就如教师对待学生一样，他们就会感到很温暖，就会对自己充满信心。好孩子是欣赏出来的，好教师也是欣赏出来的。没有人会在别人的批评和指责中拥有一个好心情，没有好的心情如何会有对工作的热爱？如何会有对学生、对学校深深的眷恋？看着就心烦的地方人们最常用的办法是逃离！让老师度日如年的地方没有风景！

所以，我提醒自己，常常把自己的信任和欣赏送给每一位老师，让老师们在我们的欣赏中把学校看作一个美丽的地方而深深地爱上它！

培训结束了，思考还在继续，工作也要开始起航。回顾这十几天的聆听与思考，我个人最大的收获是摸清了自己的身份，建起了行走的坐标。我想，有坐标在，就一定会有成长在！

透视特色教育的几个误区

——写在特色学校创建经验交流会之后

这是一次特色学校创建经验交流会，在校长们激情的讲述中，部分学校特色教育的开始、发展过程，引来了我深深的思考。我认为，在特色形成的过程中，有几个误区值得我们注意：

误区一：特色教育脱离学校文化背景而孤立存在。

特色教育是学校某方面教育优势的集中体现，这种特色是建立在学校文化背景基础之上的，与学校的文化背景是一种点与面的关系。特色是显示学校文化的窗口，而学校文化是特色存在的基础，特色不能脱离学校文化而独立存在。

但是，这看似最简单的道理却恰恰是很多学校所忽略的。一些学校在构建特色教育的时候毫不顾惜地把过去一切传统都推倒或舍弃重来，不管是好的还是坏的，一概不再提起。这样的特色教育注定很难成功，因为这种脱离了学校原有文化的特色只能成为无源之水、无本之木。

山东的杜郎口中学之所以教学特色鲜明，在全国有一定的影响，就是因为它深深扎根于农村教学的土壤，吻合了学校及学校周围的文化环境，所以就有了今天的生命力。因此，特色是要发挥本校优势，遵循教育规律，选准突破口，以点带面，实行整体优化，而逐步形成的一种充分发挥师生个性的、独特的、优质的、稳定的办学风格和模式。

误区二：特色不是在学校长期教学实践中形成的，而是作为一个外来物嵌入学校肌体。

学校特色的形成和发展是一个长期而艰巨的过程，是一个复杂的系统工程，应该是在长期的教学实践中形成的，是学校长时间教育教学实践精华的提炼。如果把学校的特色比喻成一个金字塔，那么，正常的发展轨道应该是由下而上，和大地紧密相连的是最基层的广大教师的教育实践，在无数的实践中逐渐发现共性的东西，然后在反复的提炼与实践中逐渐形成金字塔的塔尖，这个塔尖就是我们所说的特色。但是，现实中，很多学校特色的构建恰恰相反，他们先找专家教授树起金字塔的塔尖，然后再顺着塔尖向下逐层安排所需材料，从上而下依次搭建金字塔的身体，需要什么样的形状就按照自己心中的想法搭建，一切从属于特色。而这所谓的特色是作为一个外来物镶嵌在学校的肌体之中的，是一个老师和学生都陌生的、需要长时间认识和消化的词汇。

误区三：特色的确立是专家、校长等少数几个人的事情。

特色教育所体现的教育教学思想是学校主要领导办学经验的集中体现，也是广大教师集体智慧的结晶；是学校办学者在长期的实践中逐渐形成的对教育活动的一种独到认识。这种认识，不仅仅来自于理论学习，更来自于教育实践，是办学者在理论思考与实践探索的相互融合过程中逐步形成的。从某种意义上说，特色是办学者教育思想得到广大教师共鸣后形成的一种场域，校长应该是核心，而广大教师则是这种特色得以展现的主导，学生则是这种特色展现出来的主体。所以，特色的确立应该是全校师生共同的一件大事。但是，在很多正在或已经成功创建特色的学校之中，特色的创建其实只是校长或专家少数几个人在一间房子里策划的结果。老师们只知道需要做什么，需要怎么做，也就是说，教师只需要做一个工人就可以了。至于学生，更简单到只需要在领导或参观者面前能说出某些东西就可以了。在这样的特色教育中，校长是特色的创建者或发起人，教师是特色的建造者，学生基本上是与特色没有多少关联的人。所有的特色都由文字材料来说明。所以，很多特色教育突出的学校都有一个共同点，那就是档案齐全，参观者往往翻着档案赞不绝口，岂不知，这也许是这所学校特色教育的唯一支点。真正的教育思想不是用漂亮的文字剪贴在学校的宣传栏中，或刻在学校大门口的石碑上，而是深深地根植于学校办学者的头脑之中，并渗透于师生的各种行为之中。

误区四：特色教育的实践中忽视了教师的专业成长。

无论学校的特色怎样定位，都不能忽视教师的专业发展这一目标。其实没有哪一所特色教育搞得如火如荼的学校承认自己忽略了教师的专业发展，他们可以举出很多事例来论证：比如在实施特色教育的过程中，教师写了多少和特色有关的文章，做了多少和特色有关的事情，搞了多少期特色论坛，以此证明特色教育的发展在成就学校的同时也成就了教师个人。其实，远不是那么回事，因为教师成长自有教师成长所需要的条件，为学校某种特色书写材料总结经验的过程不是完全的教师成长的过程。据悉，某地一学校特色教育很出名，迎来了全国各地几百次、上千次的参观，各大媒体也均有报道，但是，教师提起这所谓的特色，一部分要求尽量取消或淡化，一部分表示深恶痛绝。究其原因，主要是在特色的创建中，教师的工作就是提供繁多的文字材料，使他们不堪重负。尤其值得深思的是，在先进的特色教育理念笼罩下的一线教师的教学理念却是滞后的。

为什么会出现这样的现象？因为，虽然特色教育几乎都是在一个主体的引领下众人拾柴的过程，但是，学校发展的特色只是教师发展的一个场域而不是主宰，必须允许教师有自己个性的存在，如果把教师的思想视野和工作视野都囿于一个狭小的领域中，做得再多再好也无异于茶壶里面起波涛。所以，学校特色教育的实施和成功与教师专业化发展不是一个可以等同的事情。只有有意识地把教师放到一个更广阔的环境中，让他们汲取更丰富的营养，才能培养出有先进教育教学理念、有独特风格的教师，才能更有助于特色教育的发展。

误区五：特色教育只关注学生某一方面的成长，而忽略了全面发展。

学校一切教育教学活动的根本目的都是为了促进学生的全面健康发展。但事实上，学校在实施特色教育时，为了突显特色教育成果，把力量集中在特色的打造上，而忽略了其他方面的培养。比如，有的学校特色定位是培养有特长有个性的学生，于是就忽略了基础知识和技能的训练；而有的学校以学生升学率为根本，于是就淡化了对学生人格的关注和非智力因素的培养。中小学教育是基础教育，任何强调一面淡化一面的做法都会引来学生的畸形发展，都会诱发学生不健全的人格形成，都不是我们的教育所要实现的目的。

以上种种误区阻碍了特色教育的发展，我认为，要想让特色教育真正成为特色，需要关注这样几个方面：

1. 要真正立足于校本原则，让特色教育回归自然。真正有生命力的特色应该是基于学校，生成于学校，并发展于学校的。不要刻意追求特色在某个范围内的唯一性、独创性等形式的东西，要摒弃轻视校本资源崇拜专家构想的习惯，让特色真正从本土中、从具体校情中孕育发端，比如可挖掘当地自然环境、历史文化传统、教育科研、周边企事业单位等资源，使特色教育不再以陌生的面孔出现在师生面前。这样，在实施特色教育过程中，教师就不会感到教育过程的艰难，他们只需要知道如何把这些资源散布到学生的心灵之中，如何浇灌让资源在学生头脑中扎根并生长就可以了。如此，特色教育就不再沉重，学习也就变成了一件轻松自然的事情。四川成都市草堂小学特色教育的成功就充分说明了这一点。这所学校本是一所农村小学，新校长蓝祭红上任后，充分利用学校位于杜甫草堂之侧的地理优势和“草堂小学”的独特校名，打造了和地域紧密相连的杜甫文化特色。走进这所学校，杜甫诗词墙上路上随处可见，用杜甫诗词中的名句命名的会议室图书室让人感到耳目一新，杜甫文化渗透到学校的各个角落，耳濡目染中，学生文化积淀厚实了很多。这鲜明的特色和显著的教育效果吸引了众多学生和家长，学校在短时期内有了跨越式的发展。看着草堂小学奇迹般的发展，我们不能不感叹：“步随自然的后尘，教育的过程就会来得容易许多。”（夸美纽斯语）

2. 校长要做特色教育的灵魂，以教育达到最大价值为目的，淡化功利的需求。一个好校长就是一所好学校，也就是说校长是一个学校的灵魂。我想，这个灵魂不仅仅表现在行政管理上，因为任何把自己单纯的定位在社会活动家、外交家、后勤服务部长的校长都不是真正的校长，校长的灵魂身份更应该表现在独特的超前的合理的教育思想上。所以，特色教育构建的过程中，校长可以征求专家领导的意见，但不能唯他们之言是从，要在整体把握校情的基础上对他们的建议进行合理扬弃，形成自己独到的思考。促使自己成为教育家，而只有教育家办学才能使学校办出特色。同时，校长还必须明白，任何特色的形成都是一个漫长的过程，都不能一蹴而就，任何形式的揠苗助长的结果都只能导致失败。所以，作为学校核心的校长，在特色教育中拥有一颗平常心，也是十分重要的事情。

3. 教师是学校最重要的人力资源，促进教师成长无疑是学校工作重心所在。教师是学校发展的根本。因此，在开展特色教育的过程中一定要把教师的专业发展放在十分重要的位置。切忌把教师困于“特色”的狭小范围之内，让教师仅仅围绕特色画圆，甚至成为提供资料的工具。要有意识引领教师在广阔的教育教学理论、文学、哲学、美学等相关领域汲取丰富的思想，把思考和创造的机会还给教师，使教师在特色教育实践中能拥有独立思考并通过努力把自己的思考化为实践的自由，而不是像工人一样在特色的指挥棒下进行机械的体力劳动。同时，校长还必须清醒地认识到，任何教育思想和形式都不能完全适应于每一个人，整齐划一的行动不利于教师教学个性的发展，因此，在特色教育构建的过程中，校长要容忍一些教师不入流，要给那些有思想的老师自由思考实践的平台，鼓励每一个教师成为特色教师。

4. 特色教育应该让学生走“全面发展和特长发展”的道路。衡量特色教育成功与否的指标绝不仅仅是特长的发展状况，更重要的是学生学习兴趣、态度、意志、习惯、方法、效果等方面的综合提高。所以，实施特色教育的过程中，切忌把特色与特长等同起来，把优势力量集中到某一方面，使学生的发展出现严重倾斜。校长或者学校的每一位老师心中都要十分清楚，无论特色如何定位，让学生得到全面加特长的发展是所有教育永远的目的。

让教育在思考中前行

东北师大校长史宁中教授《关于未来教师培训的一些想法》的报告带给了我深深的思考。

一、小学教育应该面向兴趣的发展

史教授讲了儿子小时候的一件事：多年前，史教授从日本留学归国，来到东北师大任教，儿子也自然随着父亲来到东北师大附属小学上学。在日本，课堂很宽松，学生们可以小声交头接耳。但是，到了东北师大附小就不可以了，这里不能说话，还要背着手听课，动不动还要惩罚。他的孩子说话习惯了，于是就经常被老师惩罚。有一次老师竟然让孩子在走廊上站了两个小时。教授很生气，找老师问原因，老师说："我是为你的孩子好。"教授就更不明白了："我的孩子在日本很喜欢上学，到这里来怎么也不愿意上课了，这样做怎么能说是为我孩子好呢?"

这是一件值得所有老师深思的事情。工作中，我们也常常在要求学生完成高难度的学习任务时、在学生完不成作业对其实施惩罚时对学生说“我是为你好”。这里的“好”定位于哪个层面呢？我想，一般情况下应该是定位于掌握知识的层面，在很多老师的心中，让学生把相关的学科知识掌握牢固应该是自己为师的主要目标。当然，这也是正确的，学校本就是学生学习的场所。但是，想一想，教学过程除了让学生掌握知识、形成相关联的学科能力以外，还有没有另外的更重要的目的呢？有，那就是兴趣。

兴趣是一切成功之源，没有兴趣学生不可能学习好，也不可能好好学，不可能对以后的学习心生向往，更不可能对学科产生强烈的走近欲望。我很难想象，不喜欢语文学习的学生会喜欢读书，长大以后会走进文学；我同样不能相信，看见数学就头疼的孩子会走进高科技研究的领域。但教学中这最重要的“兴趣”培养却被很多老师忽略了。为什么这一个略一思考就能发现的显而易见的问题，很多老师却发现不了，做着揠苗助长的事情却依然振振有词？不是老师们的智力不够，而是对小学教学的目的缺乏思考。没有思考的教育是盲目的，盲目的很多时候又是偏颇的。

二、教师应该做学生学习的服务生

对于教师的身份，苏格拉底在公元前就有一个定位——教师应该是一个产婆，产婆不是自己生孩子，而是帮助别人把孩子生下来。教师就应该像产婆一样帮助学生生出智慧。如何帮助学生生出智慧呢？史教授给的方法是“教师讲课要根据学生的反映调整你的教学。当学生不理解的时候你能够马上举例子，用你的生动形象的例子帮助学生理解他们不理解的现象或者问题”。

这是一个很好的方法，但又是一个高难度的方法，因为要掌握这一个方法，老师要做到三点：一是要关注学生发言中的精神状态、心情和想法，知道他们的学习需求；二是要为自己储备大量的知识、故事和案例，在需要的时候信手拈来；三是教师要从心里真正有做学生学习的服务生的意识。也只有做到了这样几条，我们才能在课堂上真正从学生的需要出发调整自己的教学，教学也只有在这时才有其存在的价值。

三、语文学习要多背诵和思考

很多老师在提高学生成绩方面都有一个误区：多练习等于多做题，多做题就能够提高教学成绩。也经常有老师们在教学成绩不好的时候以忙为借口为自己解脱。但是，今天史教授的一番话让我们不得不重新思考学习语文的方法。史教授在讲到自己的英语学习时说："我一天英语也没有学过，英语口语不好，但是英语文章写得很好，为什么会这样呢？因为英语全部靠的是自学，在阅读和背诵中思考词语之间的关系，于是，就有了英语书面语很好，写文章很好的结果。"史教授还谈到了日语的学习，他说日语是他的主攻外语，但是在学习日语的时候却从没有学过语法，但是这并不影响他的口语和书面语都很好。

这是一个很有意思的例子，也带给我们语文老师很多的启发：提高学生语文成绩，形成语文能力的方法是什么？我想，也就是这样几个方面：第一，多读书，并在读书中帮助学生养成思考语言文字之间关系的习惯；第二，多朗诵，把书面文字转化为口头语言表达出来；第三，语言的学习靠的是感悟和积累，所以，尽量少用抽象的语法来搅乱学生的大脑。

如果一个教师能够让学生在不知不觉间把语文学好，那才是最高明的教师。

听着史宁中教授轻轻松松地谈着教育，想着教育和教学也本不是一件十分复杂的事情，只要我们关注教育的细节，教育就能够常做常新。

第三辑　为教育打上尊重的底色

教育应该让学生知道为什么

案例：

扣分的纸飞机

“老师，我追不到扔出去的纸飞机，以后我不再扔纸飞机了。”丁皓朗对我说。

原来，前几天，好多同学到我身边告状，说我们二（2）班丁皓朗带着一帮子同学一下课就扔纸飞机，折了好多，扔来扔去，旧飞机或飞不远的飞机扔出去了就不捡回来，废纸满地都是。我们班清洁卫生总挨大队部检查卫生的“小卫士”批评，扣了好几分。我第一天没做出任何表示，一边让值日生先打扫，一边想对策。

第二天，这几个学生见我没作出任何表示，更加有恃无恐，又“发展”了好几位同学。下课铃声响起，顿时操场上的“飞机”不断起飞降落。上课铃响后，“飞机场上”停着各种姿势的“飞机”。下午体活课上，我请他们拿出各自折的十分精致的飞机，到操场一端的空地上。先定好起飞跑道，并且每位“驾驶员”都配备一名裁判，进行比赛。他们以为要比赛谁扔的远，谁知我说：“今天我们不仅要比谁扔得远，而且要比赛谁能将扔出去的飞机以最快的速度接到手中。”他们一听，蛮新奇的，十分兴奋。于是比赛开始了。同学们情绪一下子高涨起来，摩拳擦掌。我说“开始!”这些学生立即全身心投入到战斗中。有的用左手投，累了就换成右手，两只手轮番上场投飞机，还用他们最快的速度去追扔出去的飞机。飞机上下翻飞，犹如风卷雪片一样，让人眼花缭乱，还真有比赛阵势。十五分钟过去了，同学们额头上密密匝匝布满了一层细细的汗珠。手腕痛了，胳膊酸了，腿也累了，人也有些蔫了，但是争强好胜的心理支配下还在硬撑着。二十分钟以后，就有一个同学宣布“不行了，我不行了”，剩下丁皓朗几个似乎意犹未尽，照投不误。仍以投得“最远”接得“最快”为要求进行激烈的比赛。放学后，有好些同学还继续留下来练，只不过不再将飞出去的飞机留在操场上了。

第三天一早，丁皓朗遇到我，告诉我累死了，腿很酸，说昨天可能玩得太过头了。我说这是锻炼的结果，继续练习。课间，操场上仍与昨天傍晚一般模样。只不过参加的同学少了些，在他们离开后，地上没有“躺着的纸飞机”了。

中午，仍然是比赛。可是没多久，又是丁皓朗来说了：“老师我越是把飞机扔得远，飞机速度越是快，我就越追不到我的飞机，这是怎么回事?”

我笑着对他说：“那当然呀，老师举行这样的比赛，就是要你们不再把纸飞机扔在操场上。明白吗?”丁皓朗脸红了。

课间仍有学生将折得十分精致的飞机扔上天空，飞得很远，飞机不飞时，静静地停泊在孩子们的安静的课桌里，伴着孩子们专心听讲。

一帮令人头痛的顽皮学生搞出的问题，在轻松愉快的氛围中得到了圆满解决。

点评：

案例中的孩子们是幸福的，因为他们幸运地碰上了×老师；×老师眼中是有人的，因为当学生的行为影响了班集体的荣誉时，他首先想到的不是班级的分数，不是在年级的排名，不是班主任的面子，而是学生的爱好、学生的兴趣和健康的发展；×老师的方法是高明的，领着学生巧妙地玩，让学生在玩中寻找方法，在玩中丧失兴趣。

在欣赏×老师工作方法的同时，我又有一个深深的遗憾：对这样一件损害了班级荣誉、很多同学都参与的事，老师竟然没有任何的批评和惩罚。要知道，面对犯错误的同学，任何改变形式的教育都不能替代惩罚，因为，惩罚是要让学生明白他在这件事中必须承担的责任！

×老师没有惩罚，而是别出心裁地开展了扔飞机比赛，我推测，他的目的有二：一是要帮助学生寻找一个既能玩飞机又不损害班级利益的方法；二是要用大容量的单一比赛让学生对此失去兴趣。从案例中我们发现，老师的两个目的都达到了：第二天玩纸飞机的人就少了，操场上也没有了横七竖八的纸飞机，它们在主人学习的时候都安静地躺在抽屉里了。但是，我又不能不思考：老师的目的实现和教育成功两者之间是对等的吗？显然不完全是！至少在这个案例中二者没有对等起来。因为，对这件事教育的成功应该从这样几个方面来衡量：学生认识到了给班级利益带来的损害，认识到了折飞机是资源的浪费，最后达到再也不玩这种游戏的目的。虽然案例中孩子们也不玩纸飞机了，但这个结果是建立在玩累了，玩够了，玩得没意思的基础之上的。玩够的游戏难免有一天又会重新来了兴趣，那校园里也许又会是飞机狂飞乱舞。

所以我认为，×老师的做法仅仅治了表而没有治本。我个人认为，要很好解决这个问题需要四个步骤：

首先要让学生明白乱扔纸飞机给自己带来的影响，为班级带来的损失，为学校的环境带来的危害，并且还可以让他们把因为自己丢的分数从其他的劳动中补回来。

接着可以搞一个废弃的纸飞机展览，让学生亲眼看看一张张雪白的纸变得是怎么样的皱褶，变得毫无用处。老师可以把这许多纸集起来，钉成一个或几个本子，让他们逐个观看抚摸，感受纸的变化。在这个过程中学生一定会产生一种羞愧感，而唤起羞愧感是我们教育成功的重要保证。

然后倡议用废弃的纸张叠飞机，比比谁的飞机更漂亮。

最后才是尊重学生的兴趣，开展独特的飞机比赛。

这样，学生们了解你要求他是为什么和为什么这样要求，以后就有了行动的标准，有了标准就有了行为的准则，有了把握自己行为目标的能力。

教育惩罚应该面对个体

案例：

取消奖励就是一种严厉的惩罚

在我管辖的天地里有一条规矩：一天的值日工作没有扣分，就可以在放学前听老师读一段故事书，作为对当天全班表现优良的奖励；反之，如若扣分了，那就以取消讲故事的奖励来作为惩罚。

我觉得惩罚应该伴着奖励同行，如果把惩罚孤立起来，那一不小心就会给孩子幼小而又脆弱的心灵带来伤害。我小的时候就特别喜欢听广播里的评书连播节目，如果哪一天没听着，就抓心挠肝地难受。我们班的孩子听故事已经上了瘾，如果因为哪个同学减分而致使今天的故事没听成，有的会用语言直接埋怨，有的用眼神责备。那个同学会很不好受。胜过老师的批评。

所以，我认为这一招很灵！常常为自己这么高明的管理方法而自得不已。

点评：

好的教育惩罚是能激起违纪学生的羞愧感。因为“唯一真正合乎德性的约束，是因为做错了事，因受惩罚而感到羞耻。”（洛克语）一个人有了羞愧感，才能有“躲避羞愧的动机”，才能唤起“发展道德品质的动力和完善道德品质的潜力”。

这个案例就很好地诠释了这一教育理念。在这个案例中，教师运用了“取消奖励式”惩罚来唤醒违纪学生的羞愧感。我很欣赏这位老师关于“奖励”的定位：第一，把奖励定位于送同学们听故事。虽然老师没有具体描述孩子们接受奖励时的兴奋，但是我们可以想象，老师每一次选择的故事都是精彩的，讲述都是绘声绘色的，学生的倾听一定是快乐的，投入的，感受一定是幸福的。我们甚至可以想象到放学后同学们边走边议论的场面，他们获取的不仅仅是精神的愉悦，还有视野的开阔，这是物质获取和精神享受相融合的高层次奖励，是无论多少小红花、多少分数都不能达到的心灵的收获。第二，把奖励定位于集体，而不是个人。这就给了孩子们一条生活原则，你生活在这个群体中，你是群体的一员，你需要严格规范你的行动为集体负责。同时也隐含着成就别人、成就自己和成就集体其实都是成就自己的生存理念。这对于合作意识比较淡漠的现代小学生来说的确是一个很好的做法。

同时，我也在思考，这种“一人犯错大家共同接受惩罚”的“株连”式做法除了可以给违纪学生带来羞愧感以外，还能为他们带来什么。我想，带来的更多是同学的责备和压力。我相信，生活在所有同伴的责备之中，每天顶着这样的压力，天空是阴冷的，心情是极度灰暗的，而这阴冷和灰暗又会为他们带来对学校生活的恐惧和拒绝。对一些心理承受能力小的学生来说几乎可以算得上是“灭顶之灾”。教育的目的不是压垮是唤醒。所以，我想，如果能根据犯错误同学的特点和所犯错误的大小适时把“奖励集体惩罚集体”的做法，改为“奖励集体惩戒个人”也许更好。

为教育打上尊重的底色

案例：

四块糖果

一次，教育家陶行知看到学生王友用泥块砸同学，当即斥止，令他放学后到校长室。陶行知来到校长室，王友已等在门口准备挨训了。可一见面，陶行知却掏出一块糖给他，并说："这是奖给你的，因为你准时，我却迟到了。"王友惊疑地接过糖果。陶行知又掏出一块糖放到他的手上："这第二块糖也是奖给你的，因为我不让你再打人时，你立即就停止了。"王友瞪大了眼睛。陶行知又掏出第三块糖果："我调查过了，你用泥块砸那些男生，是因为他们不遵守游戏规则，欺负女生；你砸他们，说明你很正直善良，且有跟坏人做斗争的勇气，应该奖励你啊！"王友感动极了，他流着泪后悔地喊道："陶校长，你打我两下吧！我错了，我砸的不是坏人，是自己的同学啊……"陶行知满意地笑了，又掏出第四块糖递过来："为你正确地认识错误，我再奖给你一块糖，只可惜我的糖用完了，我看我们的说话也就完了吧！"

点评：

四块糖果并不昂贵，昂贵的是一颗宽容的心。宽容是什么？宽容是爱。正如我们每一个普通老师爱自己的学生一样，陶行知先生也爱王友。所不同的是，我们常常把爱加在狂风骤雨、电闪雷鸣中，或者加在惩罚之中，但陶行知先生的爱却是春风化雨。我们常常需要一遍遍讲给学生，我这样做是多么的爱你，但陶行知先生的爱深深含蕴在那四块糖果和四句话中，糖果是甜的，话语中却隐藏着苦涩。巧妙的把苦和甜结合在一起，让学生自然咽下，这就是艺术。爱是需要艺术的。

艺术的爱必须要有尊重打底。我想，当陶行知先生把第一块糖果放在王友手中，并且表扬他守时，批评自己迟到的时候，王友就深深感受到了平等和尊重。王友在来校长办公室以前，也许已经预测了几乎所有形式的批评——苦口婆心的教育，暴风骤雨的谴责，扣分、请家长、开除的惩罚等等，但是唯独没有预测到见校长首先得到的是表扬，甚至奖励。这在王友的内心形成了强烈的情感落差，这落差带来的是强烈的震撼。尤其是第三块糖果放入手中，校长温和地说他“有跟坏人做斗争的勇气，应该奖励你!”的时候，让王友猛然醒悟，同学不是坏人！这深深的触动直抵心灵最深处，进而唤醒了王友惭愧和后悔。如果，陶行知先生就此止步，那么，王友也许会在很长的时间内坠入深深的自责之中，甚至不敢再见到校长。但陶先生还有第四块糖果，那是深层次的欣赏，在这欣赏中帮助王友放下了包袱，看到了光明的那方——能认识并及时改正错误的孩子，老师喜欢!

我想，陶行知先生和王友谈话的时间不会超过五分钟，但这五分钟对工友来说却是惊心动魄的，可以说，是一句一个心灵的跨越。好的教育就是这样的，能够在最短的时间内产生最大的震动，收到最好的效果。

惩罚的真谛在于爱的感动

案例：

学生迟到了怎么办

早读课的铃声响了，同学们回到教室照例打开课本朗读起来。过了好一会儿，一声“报告”打断了我和同学们的读书，大家不约而同地朝门口看去，是王文龙，他今天又迟到了。只见他头发蓬乱，眼睛无神，一副缺乏营养的恹恹状。他看着我，正期待着我点头允许他进教室到座位上去。我对他说：“文龙，能到讲台上来吗?”他望着我，眉头微皱，轻声说：“老师，我家搬走了，离学校远，走慢了，所以迟到了。”同学们一下子七嘴八舌地说起他的情况来，有为他申辩的，也有说他不守纪律的。是的，每一位同学迟到了都可以找出理由来。以往我对同学们的迟到大多数是训斥，或是直接让他们回到座位。

这一次，我温和地说：“我们先不要说为什么迟到，同学们，我们能不能给一些时间让文龙同学表演一个节目呢?”一下子，大家来神了，教室里立刻响起了热烈的掌声。文龙虽然没有多大精神，但也笑了，他看着我，两手拉着自己的衣襟，一时不知如何是好。“没关系的，你就讲一小段故事，要不就唱一首歌。虽然你的迟到打断了大家的读书，不过一个故事或是歌声会给大家带来快乐的。”我说完便带头鼓起了掌来，整个教室充满了期待。“那我就唱《太阳出来喜洋洋》吧。”我示意大家安静下来。“太阳出来啰喂，喜洋洋……”文龙投入地唱着。这时的太阳光正斜斜地从门口、窗口射进来，不知是哪一位同学带头打起了拍子，还有一部分学生小声地和唱。大家的兴趣都很高，这首歌唱完，我询问同学们：“文龙同学唱得怎么样呀?”“很好！”有几个学生还举起手要求唱歌，我对大家说：“我们一起来唱《读书郎》好吗?”我起了头，同学们都投入地唱了起来。唱完这首歌，文龙好像明白了老师的意思，他很认真地对我说：“老师，我不会迟到了。”

第二天，文龙没有迟到。不过见他伏在桌子上，没有读书。我走过去摸摸他的头，“文龙，你今天表现很好呀，不过怎么不读书呢?”他抬起头告诉我：“老师，今天我起来很早，走路很快地来学校。”我看到他还是如昨天一样的没有精神，便问“你吃早餐了吗?”他摇摇头。我心疼地叫他出来，带到办公室为他冲了一杯麦片，让他喝完再去教室。

这以后，他没有迟到过，然而衣服常常是脏的，洗得不够干净。我经多方面了解，他的家境不好，妈妈不跟爸爸一起过了，爸爸不大关心他们，兄妹俩还有一个奶奶，可是奶奶很难每天早上准备好早餐，所以早上他们俩经常饿着肚子来学校。了解了这些，我与班主任老师给予他的关爱更多了，经过家访，做家长的思想工作，情况有所改观。文龙把更多精力投入到了学习中去。成绩也有所提高了。

回想起当时，真的很庆幸自己没有严厉地训斥，而是用了温柔的方式来“惩罚”。不管是批评还是表扬，惩罚还是奖励，我们的目的都是要调动学生的自我，调动学生的内在因素，让孩子真正从自己的心里去认识对错，从而自觉地管理自己。不过，小学生的心理承受能力和自我调节能力都很稚嫩，粗暴地批评和惩罚容易伤害孩子的自尊和人格，在他们的心里留下阴影，为此要让学生在不经意中愉快地接受我们的批评和惩罚，为师者需要做的很多，要付出的也很多。

点评：

惩罚需要用爱来打底，惩罚的真谛在于爱的感动！

陈老师的"温柔的惩罚"就是根植于爱的底色上的艺术的惩罚。

从陈老师的叙述中，我们知道，文龙不是第一次迟到。以往陈老师采用的"大多数是训斥，或是直接让他们回到座位"的做法，而无论是批评训斥，还是视而不见，显然，都没有在文龙的心里引起震撼，因为，这一次，他又迟到了。

但是，这一次，陈老师这样做：文龙迟到了，陈老师让他唱了一首歌以示惩罚，所有同学合唱《读书郎》以示教育；文龙来得太早，没吃早饭，陈老师把他领到办公室递上了一杯麦片粥；文龙的家境不好，陈老师和班主任增加了家访的次数，给予了他更多的关爱。

从此以后，文龙再也没有迟到过。我们有理由相信文龙的改变就缘于此！因为，打上爱的底色的惩罚是高明的惩罚，是指向人心灵深处的惩罚，是让人感动的惩罚！

但是，我们必须承认，教育是没有"从此以后"的。更没有哪一个孩子会在这一两次温情的关怀中永远变得美好。所以，陈老师不能在文龙有了变化以后就此止步，而是要趁热打铁，帮助他清醒认识到学习对于改变生活现状的重要，认识到作为一个男孩子在家庭中要肩负的责任。具体操作可以采用主题班会的形式，以《根与叶的絮语》为主题，请文龙的奶奶爸爸妹妹（也可以再请其他同学的家长）一起参加，和文龙，和同学们进行对话，这样，“温柔的惩罚”才能带来更多更大的收获。

把奖励的机会送给家长

案例：

一份特殊的奖励

最盼星期五——这天之后，终于有时间，好好地睡个懒觉；如果再想想可以亲手做顿饭，慰劳慰劳自己和孩子，多少辛劳都会烟般消云样散呢！

可是刚刚送别学生，我就接到一个电话："我是北大附中广州实验学校初二年级的韦老师。我现在很严肃地通知你，你的孩子刘松林本周在学校表现……"话还没有听完，我的情绪不由得紧张起来！唉，刘松林，这孩子真是的……

我曾以为自己深深懂得老师突然给家长打电话的"良苦用心"。可今天这事情本不是我想象那么回事——初二的韦老师接着说，孩子已经连续几次在英语听写中获得比较好的成绩，特地打个电话向家长报喜。

韦老师还说："刘松林确实在英语学习上还需要努力，但是作为英语基础起步班的一名学生，这样的进步不算小！我答应过学生，有了进步就会给他们一份特殊的奖励！这个电话就是我给刘松林的特殊奖励，希望你好好地鼓励他，继续努力！”

是的，最普通的电话，确实是最特殊的“奖励”，也是最动人的“奖励”！韦老师的用心、用情，我懂，更为孩子们庆幸！

啥都不说了，我乐……

点评：

曾经对部分小学生和初中生做过一个简单调查：当你在学校做错事的时候最不希望谁知道？当你在学校得到表扬的时候最希望谁知道？80％的同学选择的是同一个答案——父母。为什么？因为父母是孩子最畏惧的、同时也是最爱的最信赖的人，所有孩子的心中都有一个共同愿望——成为父母的骄傲。每次做完一件事，能得到父母的赞许会使他们受到鼓舞进而倍加努力。父母赞扬的效力，常常超出大人的想象。

想起了一个母亲和儿子的故事：

第一次参加家长会，幼儿园的老师说：“你的儿子有多动症。在板凳上连三分钟都坐不了，你最好带他去医院看一看。”回家的路上，儿子问母亲：老师都说了些什么？母亲鼻子一酸，差点流下泪来。因为全班30位小朋友，唯有他表现最差，唯有对他，老师表现出不屑。然而，她却告诉她的儿子：

“老师表扬你了，说宝宝原来在板凳上坐不了一分钟，现在能坐三分钟了，其他的妈妈都非常羡慕妈妈，因为全班只有宝宝进步了。”

那天晚上，她儿子破天荒地吃了两碗米饭，并且没让她喂。

儿子上小学了。家长会上，老师说：“全班50名同学，这次数学考试，你儿子排第49名，我们怀疑他智力上有些障碍，您最好能带他去医院查一查。”

回家的路上，母亲流下了泪。然而，当她回到家里，却对坐在桌前的儿子说：“老师对你充满信心。他说了，你并不是个笨孩子，只要能细心，会超过你的同桌，这次你的同桌排在第21名。”

说这话时，她发现，儿子暗淡的眼神一下子充满了光，沮丧的脸也一下子舒展开来，她甚至发现，儿子温顺得让她吃惊，好像长大了许多。第二天上学时，他去得比平时都要早。

孩子上了初中，又一次家长会。母亲坐在儿子的座位上，等着老师点她儿子的名字，因为每次家长会，她儿子的名字在差生的行列中总是被点到。然而，这次却出乎她的预料。直到结束，都没听到。她有些不习惯。临别，她去问老师，老师告诉她：“按你儿子现在的成绩，考重点高中有点危险。”

母亲怀着惊喜的心情走出校门，此时她发现儿子在等她。路上她扶着儿子的肩膀，心里有一种说不出的甜蜜。她告诉儿子：“班主任对你非常满意，他说了，只要你努力，很有希望考上重点高中。”

高中毕业了。第一批大学录取通知书下达的日子，学校打电话让她儿子到学校去一趟。她有一种预感，她儿子被清华大学录取了，因为在报考时，她跟儿子说过，她相信他能考取这所学校。

儿子从学校回来，把一封印有清华大学招生办公室的特快专递交到她的手里，突然转身跑到自己房间里大哭起来。边哭边说：“妈妈，我一直都知道我不是个聪明的孩子，是您……”

这时，她悲喜交加，再也按捺不住十几年来凝聚在心中的泪水，任它滴在手中的信封上。

被父母欣赏的力量为什么这样巨大？因为父母的欣赏满足了孩子深层次的心理需求！

聪明的韦老师就是抓住了孩子这方面的心理，把奖励孩子的机会送给了家长，同时给家长送来的是一份希望。

我们有理由相信：看到孩子进步的父母是快乐的，在父母欣赏眼光笼罩下的孩子是幸福的，这快乐和幸福牵手就会形成一个圈——一个良性循环圈，行走在这个圈中，孩子们会对学校生活有更多向往，对学习进步有更多的期盼，然后，在这向往和期盼中走向更高、更远。

苦甜相间才是有效的惩罚

案例：

一堂意外的惩罚课

北仑区霞浦小学胡宏远

在开学初的一次信息技术课上我碰到了这样一个场面。

上课铃响了，学生老早就已经进入计算机房，启动计算机并各自操作着，我也步入教室，准备开始上课。在正常教学内容结束后，我要求学生5个同学为一组，在实际的练习中相互讨论，共同解决问题，并在其中抽取一名同学为组长负责与老师进行交流，把本组不能解决的问题向老师汇报说明。

讨论交流开始了，我按照常规，巡视学生的练习情况，并就各组提出的问题进行解答和记录，以便在总结中向全体同学进行说明。在巡视到后排同学时，我发现其中一组同学讨论特别积极，并不断用手指点屏幕，我想他们组内或许产生了意见分歧，正在争论不休。所以就过去查看，那组同学也没注意我的动向，仍旧我行我素。待我走近一看，立即一腔怒火。原来他们正在讨论QQ内容。学生看到我站在他们旁边都一声不吭，慌忙溜回到自己的座位，让我奇怪的是，他们回到座位后还一个劲地点击鼠标，好像要关闭什么窗口，我行动也快，瞟了一眼，顿时明白了，原来，他们在关闭 QQ 窗口。我一声令下，“把手放好!”还没来得及关闭的同学，在屏幕上堂而皇之地显示着聊天窗口。

我这时也很为难，因为心中存在着矛盾，为什么呢？昨晚碰巧在和妻子一起看中央电视台少儿频道时，看到关于儿童的惩罚教育相关内容，并和她展开了一场交流会，我妻子也是教师，所以两人的交流内容还是比较丰富的，在交流中也得出了不少结论，但一点是明确的：在现实的教学中，不管是小学还是中学，惩罚在课堂中时刻存在，但教师对用惩罚教育学生的艺术还了解甚微，并不能把握好惩罚的尺度或方式，没有更好的运用惩罚来激励学生，来引导学生。

思考片刻后，我果断决定，不妨让我也尝尝惩罚艺术的魅力，但是，到底怎么办呢？

“QQ”是交流信息的工具。我茅塞顿开，何不让它变成我和学生交流的工具呢？我看了学生一眼，他们个个都像是老鼠见了猫，一声也不吭。我叫组长站起来，问谁带头的，他不吭声，我已经明白一二了。随后问他们，平时在课外有没有在使用 QQ，他们点了点头。我想，他们应该是比较了解了 QQ 的使用方法，也能够独自安装 QQ 软件。我问他们，还有其他同学在使用 QQ 吗？这时，他们个个都争先恐后，点兵点将。我这时才恍然大悟，原来班级会使用 QQ 的同学还真不少。这时，其他同学听到后，都纷纷抬起头看我。我看了一下时间，离下课时间还早，断然决定：停止一切操作，坐好。

学生们以为我要发火了，个个乖乖地把手放好，听候我的“训斥”。我问全班同学怎样处置这 5 个同学。同学们议论纷纷，也一时不敢提出什么建议。这也是我预料之中的。但随后，出乎我意料的事发生了。“老师，在上课时间，我们是不能使用QQ，但是我们何不建个QQ群，张斌（刚才的那组组长）对QQ最熟悉，让他负责，把您也加入其中，在课外我们也能请教请教您，或者帮我们解答不懂的问题。”这时，整个教室炸开了。原本一动不动坐着的同学，现在交头接耳，议论声响彻一片。

思考片刻，我果断下了决定。既然学生们能够这样“拥护”提出的决策，我宣布对张斌同学的惩罚意见：张斌负责建立自己班级的QQ群，并负责日常的维护、整理工作，把同学们在学习中碰到的各种问题在QQ群中提出来，供大家一起探讨，不管是什么学科。并且把不会QQ的同学教会，并把全班同学QQ加入进来。

当我的宣布一结束，同学们“高声欢呼”，我也看到张斌同学原本沉静的脸露出一丝微笑……

在后续的生活中，我的决策得到了肯定，同学们在QQ群中都非常积极，畅所欲言，有针对性地探讨一个问题，也有发表自己对某节课的看法，更让我欣慰的是以前不敢在课堂中提问的学生都能和我交流。要求我解答问题，使我着实成了他们的课外老师。特别说明的是，在课堂中再也没有出现刚才的一幕。

在此我借鉴自己的经历及相关文摘，总结了下面的体会：

有效的惩罚，往往使学生由衷地感到高兴，并因此受益匪浅。而粗暴的惩罚，往往使学生自尊心受损，产生逆反心理。惩罚的艺术是在理解、信任、关心和尊重的土壤里开出来的灿烂花朵。由于每个孩子都有独特的个性，所以惩罚要因人而异，因事而异。科学的惩罚可以让孩子学会珍惜，懂得规则。

同样是惩罚，甜甜的惩罚是善意的惩罚，更容易让学生接受，因为惩罚中包含着惩罚者对被惩罚者的一种爱！当学生意识到“爱”这个字眼时，他会欣然接受你的惩罚并改正错误。试着使用甜甜的惩罚吧，它体现着惩罚者的高尚和大度，显示了惩罚者的修养与宽容、胸襟与情怀。若能如此，惩罚对被惩罚者来说也是一种享受，一种幸福。

做一名高尚的老师吧，让我们的学生在接受惩罚时也能感觉到师爱，也能从中体味到你的宽容、你的关怀。如果能让学生感觉到“被惩罚着，也是美丽的”，那你一定是学生心目中最好的老师。

点评：

正如案例中胡老师自己所说，在这次惩罚中他追寻的是“美丽惩罚”的路径。关于“教育惩罚”，著名教育家马卡连科提出了两条原则，其中一条是“惩罚要与尊重相结合，要尽可能多地尊重一个人，也要尽可能多地要求他”。这条原则中包含着两层意思：一是尊重，惩罚的前提是尊重，而不是打击和羞辱；二是目的，惩罚的目的是使当事人尽可能避免在以后的生活学习中犯类似的错误。

根据这条原则，我们来分析一下胡老师的案例。

首先，我认为，胡老师很好地尊重了学生。当发现一些孩子玩QQ时，他没有不假思索，一阵电闪雷鸣；没有恼羞成怒，把这些孩子赶出教室；也没有立即停课，开始苦口婆心的说教。而是在极度愤怒中及时调整情绪，冷静地循着“艺术惩罚”的路径来思考解决问题的方法，而教育的智慧往往就诞生在这简短的冷静中。他开始了对学生的调查，开始了向学生索取解决问题的途径。调查中他了解了学生，询问中他得到了一个好的建议，并尊重学生的实际和需求建立起属于这个班级的QQ群，为孩子们互相交流学习提供了一个先进时尚的平台。从后面的叙述中，我们也了解到，这个QQ群在同学们的学习中的确发挥了不小的作用，有的孩子还改变了自己的学习状态，这的确是一个让人欣喜的结果。

但是，我也不能不思考另一个问题——针对犯错误的学生，胡老师惩罚了吗？从案例中我们知道，他惩罚的手段是建立QQ群，惩罚主要当事人的方法是让他负责建群并作为该群的管理员。我想，对孩子们而言，这不仅不能说是惩罚，反而可以说是奖励。能建立QQ群，上网聊天并能得到老师的认可那几乎是所有学生所盼望的，因为，有老师的支持，上网聊天就可以由地下转到地上来了，就是一件光明正大的事情了。我不否认个别学生在这个平台上学习的进步，但我又不能不担心，这样合理化的聊天会占据学生很多时间，有自制力的学生毕竟只是少数。而且，胡老师是在对“课堂聊天”这个错误没有任何说法的基础上开始他“美丽的惩罚”的，我想，这很明显是不妥的。既然是错误，就应该让他们明确知道错在哪里，就应该针对今天的事情做出相应的惩罚（哪怕是惩罚他们听老师教育一番），然后再进行下面的疏导。没有这一个环节，也许就会有下一次更明目张胆的课上聊天。而且，胡老师在尊重的同时，忘记了“更多的要求学生”，我想没有任何言语的提醒，没有任何章程的“合法”上网会带来很多意想不到的问题。

那么，胡老师怎么做才能使这次教育更有效呢？我想，在发现学生聊天，并且学生自动改正以后，可以不动声色，将课上完。下课后把这些犯错误的学生留下，帮助他们认识到自己的错误，接着可以用收拾好教室桌凳，打扫好卫生等合适的形式对他们作出适度的惩罚。然后再商量建群的事情，在意见统一并确定好负责人以后，和全班同学交流此事，并且共同制定出上网的要求和违反要求的惩罚措施。这样，这次教育才是完整的，才是有效的，才能把惩罚的负效应降至最低。所以，我认为，教育中不能一味追求惩罚的艺术，一味地偏重惩罚的美丽，而忽略了惩罚的效果，降低了惩罚的价值。

（注：本章节的部分案例联系不到作者，请原作者见书后和我联系。）

“阿姨，你要从小教小弟弟说假话！”

在我们这里，每年最让校长们头疼的事情就是招生了，尤其是小学招生，择校现象十分严重，为了杜绝这种现象，保证每个学校生源平衡，教育局实行了划片招生的方法，把整个市区划分为几十个区域，每个学校都有自己的“势力范围”，不允许跨区域招生。为了保证所招学生的真实性，还规定每个学校招生时都要审验学生的“三证”——户口本、住房证、公证书或购房合同和相关的票据。

虽然规定十分严格，但由于各学校发展的不平衡，家长们为了把孩子送到一个好学校，挖空心思想办法，机关算尽比聪明：有的借亲朋好友的证件，让孩子冒名顶替（这一类户口本上孩子的年龄一般要大一岁），有的把孩子的户口过到了别人的户口本上（这一类孩子的户口都是新上的），还有的干脆到相关地方办理假证件等等。这五花八门的手段逼得招生学校不得不在招生期间对孩子进行耐心细致的询问：你家在哪里？你的父母叫什么名字？户口本中的×××是谁？……

为了避免孩子说错，家长们提前几天就开始一遍一遍地教，翻来覆去地问，目的是让孩子熟练记住自己的假名字叫什么，假爸爸妈妈是谁，他们在哪里工作，甚至，有的家长提前一年就开始作相关的准备了。

每一年招生我们都能遇到这样的笑话：

“我妈妈说我的名字叫李伟，其实我叫张林。”

“那个李红旗不是我爸爸，我不认识他，我爸爸叫王伟力。”

“我爸爸不让我对你们说实话，爸爸说，如果我说了实话，就不能在这里上学了。”

有一次，我亲耳听到一个爸爸在学校院墙外，扒着栏杆大声对走在校园里的孩子喊：“儿子，记住爸爸不叫袁东平，爸爸现在叫刘洋！再说错打你的屁股！”

可怜天下父母心！为了择校，竟然不惜教孩子撒谎！

过去，在我面对着一个个撒谎的孩子时，心中感到的是无奈和担忧。但今天，我听到的这件事却让我震惊和恐慌！事情是这样的：

一年级 7 班有一个可爱的小女孩，名字叫郑柳（化名），这是一个漂亮聪明的孩子。由于不属于我们学区，报名颇费了一番周折。开始时，爸爸为她借了一套假房产证，在这个房产证上，郑柳换成了另外一个陌生的名字，纯真的孩子很不习惯，在招生老师询问的时候不小心就把自己的名字说了出来，于是，理所当然地被拒收！写给家长的条子上写着：家庭住址、孩子及孩子父母姓名与证件不符。郑柳免不了要受到父母的责备。但家长争强好胜，除这所学校不上！又托关系找后门拿到了市长的签条。费尽了周折终于把孩子送了进来。

于是，家长高兴，孩子也高兴。但紧接着发生的一件事，让父母意识到了问题的严重性。

邻居阿姨生了一个小男孩，才一个月，郑柳随父母到阿姨家去玩，看着那可爱的小宝宝，郑柳一本正经地对阿姨说："阿姨，你从现在就开始教小弟弟说假话吧，等他长大再教就晚了。就像我，我爸爸教得晚了，我怎么也记不住那些假话，差一点不能上××小学。"看着孩子那认真的神情，听着那稚气的话语，阿姨呆住了，一同前去的爸爸妈妈呆住了，听到这件事的老师呆住了，我也被深深地震撼了！

"阿姨，你从现在就开始教小弟弟说假话吧！"那清脆的童音一直响在我的脑海中，这是一个六岁孩子通过观察，通过亲身体验，通过思考得出的结论。面对这个结论，面对可爱的孩子，面对一年一度招生中的严格审查，我们该思考什么呢？

我骄傲，我曾经拥有过你们

——毕业典礼上的讲话

同学们——五年，就这样地流逝了。

今天，在你们即将离开的日子，我们相约在这里。看啊，还是这操场，还是这旗杆，还是这“好学善玩”的标语，还是这小小的主席台。欣赏着你们精神昂扬的身姿，凝视着你们闪烁着机敏和聪慧的眼睛，不由我不感叹时光的力量。

五年前，你们初次走进这所大门，也是在这里，学校敞开双臂拥抱了你们。站在穿着墨绿色校服的哥哥姐姐中间，你们像一畦一畦五颜六色的小花，摇摇曳曳，满怀好奇。不会立正，听不懂稍息，更不知道看哪边才是向“右”看齐。是体育老师通过扩音器才让你们停下了那唧唧喳喳的“花”语。

一切——还像昨天发生的一样清晰可辨，可是今天，站在我面前的你们已经脱去了几份稚气，增添了几分知识和少年的魅力——再不是那刚刚破土的春苗了，你们，已经长成了挺拔的小树。看见那片白杨树了吗，那是你们亲手栽的，五年来，它和老师们一起见证了你们的成长，见证了你们用稚嫩的肩膀承受风雨的艰难，见证了你们用阳光般的笑脸迎接收获的喜庆。

同学们，五年里朝夕相处，你们给我留下了许多难忘的回忆，这些回忆犹如珍藏在大海深处的贝壳，随便捡起哪一个，都是那样的玲珑剔透、光彩美丽。

还记得那一次“古诗文诵读展示”吗？是的，我知道你们不会忘记！也许，永远不会！120人的大合诵啊，每当课外活动时间，你们那朗朗的诵诗声能传遍学校的每一个角落：

“江南好，风景旧曾谙，日出江花红胜火，春来江水绿如蓝，能不忆江南？”

那一段时间，是我感受最美的日子。当你们训练时，无论多忙，我都会停下笔，放下书，静静地站在窗前，窗外高大的白杨树在微风中沙沙作响，我当那是美妙的伴奏。凝视中，那被楼房和绿叶筛过的星星点点的天空，在你们甜美的童音里幻化成了江南的绿树红花、竹筏小舟。那是一种享受，无以言表的美的享受。

“江南忆，最忆是杭州，山寺月中寻桂子，郡亭枕上看潮头，何日更重游？”

那么投入，那么美丽，那么饱含激情。尤其那位领诵的小姑娘，读得更是美轮美奂，就连一向以擅长朗读自诩的我也由衷地把最热烈的掌声送给了她。遗憾的是，因为考虑到节目形式的变化，验收小组的老师忍痛放弃了你们，盯住了学校的另一个小组——三年级的古诗大合唱。

定定地站在主席台旁，看着你们从我的身前走过，没有了热情的招呼，没有了会心的一笑，低着头，悄无声息地走过。默默地注视着你们，直到把每一个同学送进教室。深深地理解你们，因为我知道你们的付出和盼望。同学们，孩子们，那时候，如果我的拥抱能让你们扫除心中阴霾，我愿意静静地把你们每一个抱在我并不宽阔的怀中；如果我的歌声能让你们绽放美丽的笑容，那么即使做一只啼血的杜鹃我也无悔无怨。

同学们，如果那一天你们的失落让我泪在心里飞，那么几天以后你们的出色又让我笑在眼前洒。

“古诗文诵读展示会”要在市文化宫召开，为了烘托气氛，上级要求我们学校出一百五十人的观众，你们的年级组长想都没想就主动请缨。那一天晚上，我就坐在你们的队伍中，在兄弟学校的同学还在茫茫然寻找座位的时候，你们已经坐好了，是那样的端正，那样的安静。如军人一般挺直的腰板昭示着你们的与众不同。我轻轻告诉身边的那个小姑娘：“放松一点吧，早着呢。”她没有回答我，只是紧闭着嘴唇摇了摇头，甚至没有看我一眼。我知道大家在炫耀、在宣告、在争气。

终于，机会来了。一位工作人员走上主席台，要求各学校互相“拉诗”，活跃气氛。于是，在此起彼伏的邀请声中，你们诵起了那首训练得最为得意的《临江仙》：

“滚滚长江东逝水，浪花淘尽英雄，是非成败转头空，青山依旧在，几度夕阳红……”

那还带着点点童音的诵读大气磅礴，几乎所有的人都被你们的气势震慑住了，包括台上的工作人员都纷纷跑到前台凝神静听，偌大的文化宫静得只有你们的声音在回响：

“白发渔樵江渚上，惯看秋月春风。”

所有的人都被你们带进了这雄伟豪迈的画卷之中。我亲爱的同学们，听见了吗，我也加入了你们的队伍，我也和你们一样用心在朗诵。不，不仅是我，还有很多的老师和同学：

"一壶浊酒喜相逢，古今多少事，都付笑谈中!"

这几乎是全体在场人员的合诵，那声音震耳欲聋。静静的沉寂之后，陡然间爆发的雷鸣般的掌声在展示会开始前就把晚会推向了高潮！你们，我亲爱的同学，是你们创造了奇迹！

怎么？沉浸在两年前那美好的回忆里了是吗？来，让我们再次诵读这首诗，重温那往日的欢乐吧！

你们的声音变了，少了点童稚，多了份成熟。我亲爱的同学们，请允许我如此沉醉于往事的描述中。因为，你们让我想起了那只石猴，那只花果山上，水帘洞前，将身一纵，纵出的翻天覆地的美猴王！我想对你们说，由于苦练，你们拥有了资本；由于勇敢，你们把握住了机会，在那个允许你们展示的瞬间，毫不迟疑地将身一跃！多么及时的一跃，多么聪明的一跃，多么值得回味的一跃！正是这一跃，让你们由台下的观众变成了没有上台的演员；正是这一跃，你们把自己装点成了晚会上最亮的点！定定地看着你们，我看到了你们握手击掌，我看到了你们忘情拥抱，那发自心底的快乐呀，让你们舒展得犹如刚刚饱餐了阳光雨露的春苗。

看！你们笑了！知道你们的笑有多美吗？那么纯洁，那么明媚，阳光一般的让每一个看到的人陶醉。尤其是那一次，你们的微笑呀，永远刻在了我，刻在了来自各地市的上千名老师的心中。

就在前几天，在你们紧张的毕业会考前，我们举行了学校第一届"学科活动周的展示"，还是在这方操场上，还是在这柄旗杆下，你们和其他年级一起，以班级为单位，凭兴趣结小组，向近千名老师展示着自己的学科特长。那遍地开花的情景啊，让所有看到的人惊诧。这边"带你游中华"的导游团吸引了很多观众；那边"三分钟背诵一百字"的条幅充满了诱惑；左边朗诵小组的面前摆了很多课内外书本，任人挑选；右边“请您随意出题，请您随意点人，我们为您即兴作文”的标语吸引了众多的领导和老师。

在“即兴作文”班，我们的老校长站在最前面，叫出了坐在最前排的你——王佳凡，让你以今天的展示会为内容做文一篇。老校长的题目刚刚讲完，你的作文就开始流淌，整整流淌了五分钟，思维是那样流畅，主题是那样鲜明，语言是那样生动。热烈的掌声中，我们的老校长只叹后生可畏！还有你，李思旸，一位老师请你以“太阳、星星、月亮”为题做文。你向前跨了一步，仅仅是一小步，就开始了一篇童话的编著。“月亮上的矿藏”、“太阳神的传说”、“星星上的生命”，许许多多的科学知识都融入了你的故事中。不知是谁悄悄递过来一个话筒，刹时，你的声音回荡在学校的上空，清晰、柔美、还夹杂着丝丝的稚气，所有的同学都停下了自己的展示，所有的老师都在驻足静听，云儿止步、风儿不扬，连那平常最爱嬉笑的小鸟都收敛了翅膀。那从操场的各个角落汇集在一起的震耳的掌声就是送给你的，送给你们的！定定地看着你们，我的心中洋溢着自豪。曹植七步成诗算什么，我们一步可成文，洋洋洒洒，万语千言。这般神话谁敢尝试？你们，只有你们！

怎么？有的同学低下了头？是不是想起了自己曾经敲过的退堂鼓？还记得当时老师对你们说过的话吗？“这次展示对我们是一次挑战，但只要有百分之零点零一的希望，我们也不应该放弃努力！”于是，你们尝试了！你们成功了！在机会面前，你们再一次将身一跃，完成了一个神话，一个很多人想都不敢想的神话！一个让很多人望而却步的神话！

“机会面前，将身一跃！”亲爱的同学们，这是母校送给你们的毕业留念。让我们永远记住这句话！让我们永远记住这两次难忘的经历！把它们化作珍珠收藏在心底吧，在你们走出母校，走出我们的视野以后，在没有人打扰的夜里，在读书学习的间隙，在面对困难的境地，拿出来把玩一番，欣赏一次，我相信，它会帮你拾起小学时光的难忘和甜蜜，它会告诉你“万分之一不等于零”的道理。

亲爱的同学们，千言万语终须尽。今天，在你们即将离开母校的今天，在你们成长了五年的地方，让我再一次明明白白地告诉你们：我骄傲，因为我曾经拥有了你们。就让我把这份骄傲深深地埋藏在心底，我愿我的心是一块肥沃的土地，让这骄傲的种子生根、发芽、结籽，诞生出更多更多美丽的骄傲来！

第四辑　让课堂在温润的气氛中舞蹈

一节真正的语文课

——评窦桂梅《圆明园的毁灭》

今天有机会和窦桂梅老师一起走进了那坐落在北京西北郊的皇家园林——圆明园，走进了那段英法联军焚烧圆明园的屈辱的历史。两节课的时间，我和同学们一起感悟语言，体悟情感，在阅读中思考，在思考中沉醉，在沉醉中感知，在感知中升华。置身课堂内，我们感受到的是一曲荡气回肠的歌。走出课堂外，我们看到的是一节真正的语文课。

让学生感受不到在学语文

我想，语文学习的最高境界应该是让学生感受不到自己在学习语文。而这正是窦老师这节课最突出的特点。这首先表现在她时时刻刻都在为学生营造一种氛围，让学生感觉到自己在参观、在游览、在阅读历史，就是没有感觉到自己在学语文。

比如开课之初，窦老师和学生聊自己，她告诉学生自己来自北京，来自清华园，在离家 50 米的地方有一座公园，这座公园就是圆明园。（板书课题），然后对同学们说，这是一座著名的园林，来

——，让我们一起走进圆明园吧，同学们，走啊——。

“同学们，走啊——”这个简简单单的句子，在这节课上出现了四次之多，每一次都出现在一个环节向另一个环节过渡的时候。这让我们感到了课堂教学的清晰流畅，感觉到我们面对的不是一篇文字、一个课堂，而是一条清浅、鲜洁的小河，在这条小河中没有需要学生不断跨越的田埂，顺流而下，轻松随意。当然，这并不是一条平静的小河，思维与文本碰撞就如潺潺流水与横亘其中的大石相遇，不时激起的朵朵浪花，清新又亮丽，使课堂在静静的流淌中展示了生命的张力。

其次表现在对学生朗读的指导上。朗读是语文课堂上不可或缺的学习方式，在尊重学生体验、淡化指导技术的新课标理念下，朗读成了课堂教学的一个死角。很多老师找不到指导朗读的方向在哪里，怎么做都唯恐不对，于是缩手缩脚的老师带领着迷迷糊糊的学生在指导读书的路上犹犹豫豫地走着，不知道路在何方。今天，窦老师这节课的朗读就给了我很大的启发。初次感知文本，了解了课文2、3、4段，知道了“圆明园不愧是举世闻名的最大的博物馆、艺术馆”以后，老师说：“请回过头来再读课文，让我们感到，通过你的介绍它的的确确是当时世界上最大的博物馆、艺术馆。”（指导学生用介绍的语气朗读这三段话）再引进课外资料，通过对20处景点的了解，感受到圆明园的“广大”和“美丽”的基础上，老师又说：“现在，回过头来再读课文，让我们和你一起陶醉在这恍若月宫的圆明园中。”（指导学生用欣赏的语气读好这三段话）

“你来向大家介绍介绍圆明园的美景”，“让我们感受到你在欣赏这里的无限风光”，这哪里是在指导朗读？分明是让学生漫步园中做导游、仔细品味那流连忘返的感觉，但窦老师的确是在指导学生朗读，根据不同的需要，用不同的语气尝试，读出自己的感受，读出不同的特色。“你的介绍太慢，心急的听众都要自己参观去了。”“听了你的朗读，我感觉你一定是走马观花看景色，再慢一点就更好了。”“我体会到了你多么地无可奈何。”……没有一处友情提醒，没有一处技术指导。随意中镶嵌着精致，精致中蕴含着纯朴。纯朴的语言中还蕴含着巧妙的点拨，这就是语言的魅力！这就是窦老师的魅力！

用细节构建生命课堂

课堂如人生，精彩的人生需要细节来支撑，精彩的课堂也需要细节构建。窦老师就是在一个又一个的教学细节中构建了课堂教学的生命。我们来看看这几个细节：

细节一：开课之初，窦老师引入课题以后，在黑板上板书了三个大大的字“圆明园”。随着老师一笔一画的板书，我听到了同学们轻轻的惊讶，我想，这三个大字在学生心中一定画上了一个惊叹号。

细节二：老师让学生推算由先秦到明清历时多少年，学生有的说3000年，有的说2000年，还有的说是1300年，面对学生的回答，窦老师告诉大家：“同学们，当你对所估计的时间拿不准的时候，就用上‘左右’、‘多一点’等一类词，这样可以使你的语言更准确。”

好一个“左右”、“多一点”的提醒，在这一友情提醒下，同学们的语言马上变得严密起来。语文，不就是让学生学习遣词造句吗？

细节三：窦老师和同学们一起感受了圆明园在中国乃至世界文化史上的价值以后，再让学生体会“圆明园的毁灭是中国乃至世界文化史上不可估量的损失”的时候，课件的底色由体会“价值”时的白色瞬间变为体会“损失”的黑色，这一“白”一“黑”的变化造成了强烈的视觉反差，在我的心中引起了深深的震撼，沉甸甸的情绪瞬间涌满了心怀。

细节四：在引领学生们了解了大火烧了三天三夜的基础上，再明白了烧掉一幅历史名画只用几秒钟，烧掉一个建筑，比如“平湖秋月”只需几分钟以后，播放大火焚烧圆明园的镜头，画面上，除了烈火熊熊，浓烟滚滚以外，什么都看不到。而且，这是一节无声录像，但在这静静的燃烧中我们却深刻体悟到了“于无声处听惊雷”的感受，我们仿佛看到了房倒屋塌的场面，我们仿佛看到了烧焦的梁檩带着火苗砸下来的场面，我们仿佛听到了名画珍玩在大火中哭泣的声音……透过这无声的大火，我们的思绪跨越时空飞到了那一个令人心酸心寒而又心惊的时刻……

细节五：在结尾处，窦老师先和学生们一起采用教师引读的形式，用上“没有了……也没有了……”等连接词，对全篇课文进行创造性地朗读。接着，用低沉的语调说：“让我们永远记住这一天——1860 年 10 月 6 日。就是从这以后，圆明园化为一片灰烬，什么都没有了。”然后慢慢擦黑板，只留课题，其余都擦去，稍留残迹，全场沉默。窦老师哪里是在擦掉自己的板书？分明是再现着英法联军焚烧圆明园的历史；窦老师留下的哪里是字体的残迹，分明是被焚毁的圆明园的废墟！

当然，这样的细节还有很多，随着急匆匆的记录，我的大脑也在紧张的思考：什么是目中有人？什么是关注学生？窦老师用她构建起的这一个个看似不经意的细节为我们作出了解答。

品出浓浓语文味

《圆明园的毁灭》是一篇思想性很强的文章，我也曾数次听过老师上这节课，自己也曾经亲自执教，但到结尾学生的心中留下的好像只有对英法联军的仇恨和对祖国曾经遭受过这样的磨难的耻辱。然而今天，听窦老师这节课，自始至终都洋溢着浓浓的语文味，语文味是什么？王崧舟老师是这样说的："'语文味'就是守住语文本体的一亩三分地。语文的本体是什么？显然不是语言文字所承载的内容，即'写的什么'。而是用什么样的语言形式来承载这些内容，即'怎么写的'。语文要学的就是'这个'，语文味所指的就是'这个味'。具体来说，语文味表现在'动情诵读、静心默读'的'读味'，'圈点批注、摘抄书作'的'写味'，'品词品句、咬文嚼字'的'品味'。"

窦老师这节课不仅是一节读味浓厚的语文课，而且，自始至终都在进行着语言文字的训练和感悟。比如引导学生把"圆明园的毁灭是中国文化史上不可估量的损失，也是世界文化史上不可估量的损失"一句中"损失"改为"价值"，这一设计的确很有难度，几个同学合作才完成了这一句式的转化。但这一转化不仅让学生从正面体会到了圆明园价值的不可估量，而且在"损失"和"圆明园是最大的博物馆、艺术馆"之间架起了一座桥梁，让学生顺利完成了学习的过渡。

再比如：在圆明园被焚烧以后，老师引领着学生用上"没有了……也没有了……没有了……还没有了"这些连词说话，以及最后师生配合改编课文的朗读，还有对"统统""任意"等词的理解，都给我们带来了"品词品句、咬文嚼字"的这种"品"的"语文味"。

在丰满的阅读中构建主题，在无数的细节中体验课堂生命的张力，一节真正的语文课，一首流淌的小诗，一曲大气磅礴的歌。这就是这节课留给我的深深的感受。

让鲁迅变得可以亲近

——刘发建老师《我的伯父鲁迅先生》观后

说真的，轻轻松松说鲁迅是我从没有想过的境界，尤其在小学语文的课堂上。因为历史对鲁迅身份的定位深深影响了我，影响了几乎所有的语文教师。所以，我们理所应当地认为在说鲁迅的课堂上学生学得单调一点、乏味一点、艰难一点属于正常范畴！在这种意识的制约下，几十年来，一代又一代小学语文教师在各自的课堂上演绎着文化的鲁迅、战士的鲁迅、思想的鲁迅，这演绎让深刻和凝重成了课堂最寻常的基调。

刘老师这节课打破了这种教学的惯性！引起了大家的思考：为什么刘老师的鲁迅课堂能够挽着惬意和从容前行？我想，要搞清楚这个问题，我们需要走进刘老师的教学细节。从实录看，刘老师的教学分四个大的环节，分别是：复习导入——难忘的往事——进入文本；伯父就是伯父——和蔼可亲的伯父——亲近伯父；伯父不仅仅是伯父——非比寻常的伯父——敬仰伯父；伯父是永远的伯父——不能忘却的伯父——怀念鲁迅。不难发现，刘老师在教学中着力引领学生认识的不是鲁迅，而是伯父！而正是对鲁迅“伯父”身份的定位使学生在学习中不是在审视鲁迅的深刻，而是在感受伯父的可亲。感受中一个和普通的伯父一样慈爱、一样幽默、一样有快乐，也有忧愁；有平和，也有焦虑；有奋争，也有无奈的伯父展现在大家面前。虽没有刻意的引领和雕琢，但鲁迅的笑语音容触手可及。我想，孩子们应该已经忘记了自己是在和鲁迅对话，忘记了鲁迅是谁，他们只知道自己在阅读一个伯父，一个让自己喜欢的伯父。尤其在“亲近伯父”的环节，这种感受更是深刻，无论是“谈水浒”时伯父的幽默和善解人意，还是“说碰壁”时孩子们朗诵演出的快乐投入，无不彰显着学生涵泳文本中与鲁迅或融为一体或零距离交流的轻松惬意。

但鲁迅毕竟不仅仅是“伯父”，更重要的他是鲁迅，“亲近伯父”只是走向鲁迅的一个阶梯。所以，“了解鲁迅”依然是一个不能回避的话题。刘老师也没有回避。所不同的是，他没有像我们一样努力让学生透过鲁迅的言谈举止去“懂”鲁迅的思想，而是从不懂入手，体会鲁迅处境的艰难、内心的忧虑：“看看有哪些问题是当年小周晔所不明白的，9 年之后才逐渐明白。”刘老师这巧妙的一问在“伯父”和“鲁迅”之间架起了一座桥梁，亲切的伯父和忧患的鲁迅从这座桥梁的两端相向而行。但在“车夫为什么光着脚拉车，我说不上来了”，“我不知道伯父还在为谁叹息”等公开课堂上难得一见实话实说中，我又清晰地感受到，在孩子们心中，鲁迅的形象和伯父的形象并没有融合为一个统一的整体，伯父的形象来得更鲜明，鲁迅的形象相对而言比较弱势，但我以为这恰恰是刘老师这节课最值得称道的特点，是最为成功之所在，因为他很好地体现了小学阶段学习鲁迅的定位，再没有比让这位从没有在学生视野中出现过的老人变得亲切熟悉又触手可及更重要的事情了。至于鲁迅的伟大，在以后的学习中，孩子们有的是时间慢慢品味，他们会在一次次反复走近鲁迅的过程中一步步感受到鲁迅在中国文化史上不一般的身份和地位。

“不种他人的田，不荒自己的地。”刘老师坚守住了小学语文的阵地！

不由想到了刘老师这节课给小语界带来的冲击。面对老师们的惊叹，我们不妨来反思一下引领孩子们亲近鲁迅这看似简单的一步，为什么却受阻了半个多世纪？到底是哪些东西绊住了孩子们亲近鲁迅的脚步呢？

其一：传统的崇拜名人的思维定势。名人的身份、文豪的定位、脊梁的美誉使得谁也不敢小觑这位老人，他的文章是“投枪”、是“匕首”的说法，更是让每一位将要走进其中的人不得不认真对待其中的每一句话。于是就有了对同一文句的不同解读，这解读让鲁迅走向神圣，让学习走向深刻和艰涩。

其二：把人文熏陶简单化为“政治思想教育”。“政治思想教育”是人文熏陶的一部分而不是全部，但我们的老师乃至一些专家都习惯于把语文的人文性简化为“政治思想性”。这样的人文定位就把《我的伯父鲁迅先生》一文的人文着力点放在“敬仰”的侧面，于是，在语言文字中挖掘高尚和深刻就成了必由之路。

其三：我们的老师缺乏独立的思考。我知道，在过去的教材中编者在文章后面总是出示一道譬如“理解文中含义深刻的句子”一类的作业题，我也知道教学参考书的确对某些句子作了深刻的解读，我还知道一些专家名师的课例对老师们有着比较强的示范引领作用，但是这都不是阻碍孩子们亲近鲁迅的主要原因，最主要的是我们的老师已经习惯于接受，习惯于把自己的思维纳入到别人的轨道，习惯踩着别人的脚印走别人走过的路。这习惯性的接受使得鲁迅在一批批学生的眼睛中是一座高山，须仰视得见；是一座丰碑，可敬而不可亲，使鲁迅变成了一个“说着我们听不懂的话的圣人”。

曾和一位高中朋友谈起过学生对鲁迅的感受，朋友说他的学生几乎都不喜欢鲁迅，学习鲁迅的文章时，往日热闹的课堂总是出奇的安静，那死一般的沉寂总让他心痛。对于这种现状，我无意追究谁的责任，更无意把这所有的过错揽到小学语文老师的身上，但我还是忍不住想：如果我们小学的时候让孩子们从心底里喜欢鲁迅，亲近鲁迅，那么在以后的学习中他们也许会因“亲其人”而“爱其文，纳其言，信其行，敬其德”！

刘老师这节课所做的正是让学生“亲其人”的工作。我无意褒扬刘老师诠释文章视角的独到，但此课中所体现的“让鲁迅生活在孩子们身边”的教学理念的确值得我们每一位老师思索。

在思想冲突中破解文章精神的密码

——评李勇《愚公移山》

《愚公移山》是一则经典寓言，尤其近几十年来更为人耳熟能详。对许多人来说，阅读这样的经典，最容易迷失自我，因为“人定胜天”的思想层面的定位和“愚公不愚，智叟不智”的对人物结论性评价已经成为一般化的现成的概念包裹在文本周围，于是，教学就容易落入前人的窠臼，赞愚公而批智叟就成为一种约定俗成的教学模式。但是，李勇老师这节课显然突破了这一种约定俗成，文本解读中谈到了“每个人都应该怀揣梦想上路”这样一个新的价值取向。这一内涵的揭示和教学模式的突破在教学一开始就敲响了定音锣鼓，然后在学习的起承转合中让学生感受到了思想冲突，并在冲突中完成了对这篇文章所蕴含的民族精神密码的破解。我们来看看李老师是如何一步一步完成这个目标的。

沉潜，在辨析中唤醒思考的种子

语文课的教学一般是从课题入手，经检查预习走入深层次文本理解的，李勇老师这节课也不例外。所不同的是，许多老师的入课和检查预习仅仅是停留在课文读得是否正确、识字是否过关等浅表的问题上，而李勇老师预习检查则一开始就沉潜到了教学核心的位置，在“愚公”与“山”的辨析中唤醒了学生思考和表达的欲望。这固然与李老师面对的是六年级的学生，他们已经有了一定的思考能力有关，同时，也与教师把握课堂的功力有关。因为这种非循序渐进式的速潜对提出问题的要求很高，不仅难易要适度，而且问题的空间要大，只有这样才能让学生愿意思考，且有话可说。个人认为，李勇老师的教学分寸感很好，设置的问题“下面两种课题的板书方法，哪一种更适合你自己的看法”就符合这两个要求，因为，看法是一种很个性的东西，所谓仁者见仁，智者见智。因为没有统一的答案需要验证，既不会出现意见统一的尴尬，又让学生有话可说，而这种表达又是最接近课堂核心的所在。于是，学生就在思辨中推开了走入文本的大门。

涵泳，在诵读中把握人物的形象

语文学习尤其是小学语文学习在很大程度上是从文字中读懂人物和作者，进而读出自己认识的过程。李老师深深了解这一教学实质，所以，在引领学生初步触摸到“坚持就是胜利”这一文本内核以后，又折返身带领学生涵泳在语言文字中再次体会这一文章主旨。对于这样一篇在字词上没有理解的难点的白话文来说，品味什么，怎样品味是决定这一环节成败的关键。李勇老师敏锐地抓住了文章最精髓又最容易引起思考歧义的“即使我死了，还有儿子在呀；儿子又生孙子，孙子又生儿子；儿子又有儿子，儿子又有孙子；子子孙孙是没有穷尽的啊。可是山却不会再增高加大，还愁什么挖不平呢?”这个句子，带领学生深入理解，并在诵读中进一步感悟愚公精神。使愚公子孙不息，挖山不止的决心清晰呈现在学生面前，同时“坚持就是胜利”这一初步阅读出的文章主旨，在两个回合的体验中仿佛变得更加牢不可破了。

至此，教学完成了第一层次的“立”。

跃出，在比较中呈现矛盾冲突

孙绍振先生认为，经典文本的微观解读是一个难点，要想突破这一难点，从经典中解读出个性，比较法是一种行之有效的方法，在同质和异质文本的对比中容易发现文章的内涵。我个人认为，读文和读人、读景在很大程度上有相似之处，置身其中之时总会产生一叶障目的感觉，犹如盲人摸象，仿佛所看到的任何一处意义都是文章的所有。所以，读景必须置身景外，读人必须旁观，看清楚一篇文章所蕴含的精神密码也必须跃出文本。李勇老师谙熟这个道理，所以，在学生坚信“坚持就能胜利”的时候，他轻轻一跃，跳出了文本，引进《夸父追日》和《精卫填海》这两篇同质文本引发学生思考，在对三件事情“目标”“过程”“结果”的比较分析中打破了“坚持就是胜利”这一传统的而且是深深根植于许多人心中的情结，得出了坚持不一定就能胜利这一反常规的结果。至此，李老师摧毁了自己和学生亲手建立起来的精神壁垒，思想冲突就此开始，对文章深层次的思辨同时拉开了序幕。

回归，在思考中破译精神的密码

好的课堂是能够在山重水复的地方走出一片柳暗花明的课堂，好的课堂是能够不断唤起学生思考欲望的课堂。李老师这节课就有这样一种魅力，在打破了“坚持能够胜利”这一常规论见之后，学生的心灵处于一种迷失状态，没有了心灵皈依的圣地。这篇文章到底要告诉我们什么？愚公的论述中有没有问题？我们这篇文章中潜藏的精神密码是什么？在俯视了文本以后，李老师又带着学生回归到了语言文字中，在情境的还原中让学生自己体会愚公所想的不合实际，认清了愚公实际上是实干家和幻想家两者的综合体。像这样一个明知不可为而为之的人，像这样一个注定不能实现理想的人却为什么能在几千年来为后人所接受，甚至推崇呢？这其中到底隐含着什么样的情结呢？这一看似很难理清的问题在记者和放羊娃的对话中得到了诠释。如果不移山，愚公的子子孙孙都要重复自己的生活。希望自己的子孙能够走出这座大山，这就是愚公的梦想，而且为实现梦想不顾年老体衰，不惧冷嘲热讽奋斗不息。对于一个怀揣梦想上路的老人，我们不能不给与尊重和敬仰！

至此，“一个人应该向着目标一直不断走，因为有梦就有快乐，有梦就有希望”这一文章主旨清晰呈现在学生心里，这篇文章中蕴含的民族精神密码也就破解了！

读完思完这节课，除为学生能在思想冲突中破解了文章精神的密码而鼓掌以外，也深深为李勇老师的教学魅力所折服。整节课中，李勇老师仿佛是学生学习的助产士，在他不断地唤醒中，学生思维在不断深化，认识在不断提升，先立，而后破，然后再立，这样艰难思维的过程却如行云流水般优雅，让我们不能不叹服。当然，教学中也有一些不尽如人意之处，如对愚公语言的朗读一定要归结到生气的情绪上仿佛就没有多大必要；再如放羊娃与记者的对话和故事精神密码的破译有密切联系，但是，教师处理得有点粗糙。然而，这样的问题并不能遮盖这节课的价值，此所谓瑕不掩瑜。

让文字在温润的气氛中舞蹈

——评陈丽羽老师执教的《盘古开天地》

人淡如菊，课美如画。这是陈老师和陈老师的课堂给我留下的第一印象。陈老师用文静的微笑，轻柔的语言，温和的动作让学生感受到了课堂的宁静和安全，为学生营造了一种温润的学习氛围，在这种氛围里，我清晰地感受到文字在舞蹈，感受到学生心灵在跳跃。

一、让文字在简约中变得轻盈

会舞蹈的文字一定是轻盈的文字，一定没有负载太多的重量，一定栖身于一个简约的环境中。因为，再美的语言也会在盘根错节的纠缠、枝枝蔓蔓的交错中丧失灵性。陈老师用她的课堂验证了这一说法。仔细审视这节课的教学全程，我们不难发现，一篇不算短的神话故事，开天辟地的过程及万物的衍生变化，所有这一切都被陈老师浓缩在一句话中“盘古用他的整个身体创造了美丽的宇宙”。接着这句话又浓缩为一个词——创造。整节课的教学就围绕着“创造”展开：学生谈对创造的理解——查字典规范“创造”的意思——围绕创造你想到了哪些问题——如何创造了这个世界，最后的落脚点是“原来盘古就是这样创造了整个宇宙”。所有的语言文字的学习都是塔的基座，它们共同托起了“创造”这一目标。因为目标的单一和明确，所以，无论是开天辟地时“抡”的力量，还是顶天立地时天地的形成，乃至日月星辰、大地雨露变化的神奇，都让我们感受到美的震撼！

让教学立足语言，却没有死于章句，这应该是本节课成功的主要因素。

二、让文字在温润的触摸中变得灵动

陈老师这节课最突出的特点就是对语言文字温润的触摸。说她温润，是因为我能明晰地感受到品词析句时她言语动作的温柔，仿佛这些字词都是可爱的孩子一样，时刻小心不要碰疼了他们。最能体现这种触摸特色的有两处：一是学生对“肌肤”“四肢”两个词的学习，在指名读以后，陈老师让学生发现肌肤和肢这三个字，有什么共同之处？学生说都是“月”字旁，都跟身体有关。在此基础上，陈老师也仅仅说了一句：很多跟身体有关的字都有月字旁。没有做更深的辨析。二是对“轻”“清”两个字的理解：

师：这句话中，有两个 qing，意思一样吗？

生：轻是重量轻，第二个“清”是……（一时想不起合适的词语）

师：能用第二个“清”组个词吗？

生：清楚。

生：清淡。

师：清淡是指吃的东西。这句话中的“清”我们还可以组什么词？

生：清水、清澈。

师：对，我们用组词就能理解词语的意思。

在课堂上听到这两个环节时，我最明显的感觉是没有处理到位，还缺了那么一小步。但是缺什么呢？仔细思考，并按照思考的环节预测学习效果，却发现这两处的处理如果再向下走都很难找到一个更合适的落脚点，于是，我们不能不赞叹陈老师止步的适时适度。不求初次相遇时深度解读，但求把更深入的学习留给未来。因为学习本来就是一件长久的事情。这正是陈老师聪明之所在。

三、让文字在反复的品味中变得清醒

不知道为什么，读书时总有文字如人的感觉，总以为那些未经品味的文字属于沉睡状态，只有在读者的思考中才能苏醒。陈老师和学生一起在课堂上对语言文字的玩味，又一次让我深深体会到了这一点。尤其是词语理解时她采用的"回首"式理解方法，更让我感受到了摇醒的过程，比如，对"混沌一片"的理解就分了这样两个步骤：

初次理解：

生：盘古创造宇宙之前，宇宙是混沌一片的。

师：对啊，什么叫作混沌？

生：非常乱。

生：乱七八糟。

生：看不清。

再次理解：

师：刚才有同学们发现了四组反义词，这些反义词把天和地分开的过程给写清楚了。我们在读的时候就要关注这些反义词。这次女同学来读上半句，男同学来读下半句，要通过你们的读，让我们看到天和地就是这样分开的，也可以加上动作来读。（男女生分开读）

师：在天地分开之前，这轻而清，重而浊的东西全部都混合在一起，分不清楚，这就叫——

生：混沌一片。

师：我们真正地理解了混沌，今后再遇到不懂的词语，我们可以用这样结合上下文的方法来理解。

教学中能够耐心等待，是一种很重要的教育智慧。不要急于让学生明白什么，走到合适的地方再回首看看，不用过多地解释，一切都会在自然而然间苏醒。

这是陈老师这节课给我的又一个启示。

“你就是猴王!”

——听薛瑞萍老师《猴王出世》有感

《猴王出世》，人教版五年制第十册一篇普普通通的阅读教材。孙悟空，一个早已走进千家万户，走进千百万孩子心灵的名字。曾亲眼目睹很多老师和同学走进美猴王，但也只有在薛瑞萍老师的课堂上，猴王才表现出了他的不同凡响，才把他自由、快乐、智慧、勇敢的形象深深地镌刻在了每一个同学的心中。那朗读，那想象，那思考，那动人心弦的述说深深地震撼了我，震撼了所有听课的老师和同学！陶渊明沉睡了几百年的诗因为苏东坡而焕发了生命的活力。这节课上，千古一叹的美猴王也因为薛瑞萍老师而真正地被孩子们所理解。

带领同学们涵泳在文本中，与猴王一起哭一起笑一起经历探险的紧张，一起感受家的美妙之时，又不时用双手将其轻轻托出文本外，让他们从猴王身上读到自己。这，正是这节课最打动人心的地方。

一、让朗读唤醒学生心中的猴性

孩子，尤其是男孩子，那喜爱蹦、跳、打、闹的性情与猴子格外相似。如果可能，他们会说，会笑，会跳，会舞，会一刻不停地活动着自己的手脚。但在要求规范的课堂上，孩子们习惯了中规中矩地坐，郑重其事地听，身上的猴性都隐藏到了最深最深的地方。学猴的课文，一定要唤醒学生心中的猴性！薛瑞萍老师犀利的目光透过文本抓住了上好这节课的关键之所在。在融生活、音乐和感受为一体的朗读指导中，不仅巧妙地完成了这次唤醒，而且锻造了本节课朗读指导的一大特色。不由让听课老师拍案叫绝。

我们不妨再走入薛老师对“那猴在山中，却会行走跳跃，食草木，饮涧泉，采山花，觅树果；与狼虫为伴，虎豹为群，獐鹿为友，猕猴为亲；夜宿山崖之下，朝游峰洞之中”一句的朗读指导，感受学生心中情感被唤醒的美妙。

生齐读

师：我看到了大家读书时的表情都很严肃的。想想课间十分钟你们在操场上奔跑跳跃是这样的吗？都绷着一张革命的小脸儿吗？（生大笑）再来一次，让我看到正如刚才所看见的灿烂笑容。

指生展示读。（有进步，但读得没有节奏的变化。）

师：同学们看，这一句有三个分句，每一个小分句的字数都有变化，一开始三个字三个字，然后四个字四个字，最后六个字六个字，一下子就荡开了。不由让我想到在体育里面有一个项目叫马术，马术里面有一个项目叫盛装舞步，盛装舞步中有一个项目叫心儿起舞。那个骑手骑在马背上面，和着音乐的节拍，有节奏地往前走。（老师一边说一边作出骑马的姿势，上下颠动着身体。）读书也是这样的，掌握住你的节奏，控制住速度再读一遍，注意声音不要太大。

学生读。一些孩子一边读一边随着节奏颠动着身体，在颇有音乐感的节奏中，一群欢跳的石猴跃然课堂。

指导“……桥边有花有树，乃是一座石房。房内有石锅、石灶、石碗、石盆、石床、石凳。中间一块碣石，镌着‘花果山福地，水帘洞洞天’。……”一段的朗读。

师：跳入泉中结果是一个好地方，轻轻的读一读石猴的话，告诉大家该怎样读出来；那是一种什么样的感觉。

自由读。指名读。

师：你读的时候是一种什么感觉。

生：很美的感觉。

……

师：用一种流行音乐的呼吸发声法，用呼吸送出你的赞叹，老师试一试你们可不要感到肉麻呀！

生：（齐读）

师：再读一遍，放慢点。

……

师：下面咱们看它给大家介绍洞里的情况，从桥边有花有树到石房石凳，自己读一读。

生：（读）

师：你能举出你最喜欢的一样玩具吗？

生：一个布娃娃，我的布娃娃会唱歌。

生：我有一个坦克车，能转弯跑。

师：你能告诉我你刚才说的为什么那么兴奋吗？

生：属于自己的玩具，我喜欢它们。

师：对，想想这些可爱的玩具都属于自己，心中就感到特别自豪。那么，石猴以生命为代价找到那些家当的时候该是怎样一种心情？谁来试一试，认为自己的笑容最灿烂的举手。

生：（读）

师：有花的树不是有钢有铁，是什么感觉。

生：（读）

……

师：再软一些，根本不要担心自己心太软，越软越好。

生：（齐读）

用音乐的节奏读出石猴的自由，用流行音乐的呼吸发声法送出你的赞叹，用你在操场上跳跃、看自己喜欢的玩具的心情读，让你的心变得柔软，在你软软的心境中读……这是朗读指导吗？好像不是，因为没有轻重缓急的节奏技巧，更没有抑扬顿挫的语气强调，至少说这不是传统意义上的朗读指导。但它分明又是指导。因为学生在老师的要求下，在心境的体验中，在生活的回忆里，在音乐技巧的迁移中读得越来越好！“夜宿山崖之下，朝游峰洞之中”，整个一群活泼可爱的小猴。

二、从猴子身上读出自己

读出自己的阅读才是真正地赋予了阅读以生命，才是最深入的阅读，才是最能对学生产生深远影响的阅读。薛老师这节课最大的成功之处就在于让学生从猴子身上读出了自己。从“食草木，饮涧泉，采山花，觅树果；与狼虫为伴，虎豹为群，獐鹿为友，猕猴为亲；夜宿山崖之下，朝游峰洞之中”读出了自由的美妙；从“瞑目蹲身，将身一纵，径跳入瀑布泉中”读出智慧和勇敢；从“我们都住进去，也省得受老天之气”读出爱心；从“人而无信，不知其可”读出诚信……

尤其是这样两个镜头给我留下深刻印象：

镜头一：薛老师在学生谈完自己最伤心的场面时，作了这样一番总结：

“是的，每一个同学都可以有自己的选择，可以为自由一战而死，也可以怀着希望坚韧地活下去。但是，那五百年对孙悟空来说是生不如死。还记得这个镜头吗？孙悟空被压在山下，他看着鸟在空中飞，叶在风中笑，牧童骑在牛的背上吹着横笛，缓缓回家。只有孙悟空，日复一日，年复一年，一个世纪复一世纪，整整五个世纪被压在山下，那是怎样的一种生活，我还记得那歌词是这样唱的：五百年，桑田沧海，顽石也长满了青苔，长满了青苔，只有一颗心儿不死，向往着逍遥自在。就是我们刚才读的“夜宿石崖之下，朝游峰洞之中”那种逍遥自在。哪怕是烈火焚烧，哪怕是冰雪覆盖，只使一颗心儿不死，只使一种信念不衰，激荡的情怀，蹉跎的岁月，问天公为何要这样安排？……”

两次听看云老师的这节课，两次都注意到，每当这个时候，同学们的眼睛都灼灼放光，有的眼睛里还隐约藏着泪花。看到孩子们这凝神的样子，我总在猜想，孩子们想起了什么？是孙悟空在风霜雨雪中遭受磨难的镜头还是花鸟牧童任意行走的快乐？是自己背负着的作业重负还是假日里被侵占的自由？我不知道，我只知道他们的眼睛闪烁着灼灼的亮光。

镜头二：在学习走近尾声的时候，薛老师“挑”起了关于“你是做石猴还是做众猴的争论”。争论的结尾，薛老师这样总结：

师：你说我好比石猴，你们好比众猴，这堂课就好比花果山水帘洞是吗？我理解你是想说你跟着我学习很幸福是吗？（是）

同学们，人生有多种选择，如果你有足够的自由的精神，好奇的心智，你对智慧无比的追求，你很勇敢，你有浓浓的爱心，而且是一个诚信的人，那么，当机会来临的时候你去做石猴吧，你一定会成为了不起的领袖，带领大家奔向幸福的生活。如果你认为缺哪一项，那么就做一只守信用、忠心耿耿的众猴，但是当你做众猴时你要有一双雪亮的眼睛，你要认准你所追逐的目标，你要选择这种尊重自由的、对新鲜事物有好奇心的、热爱智慧，敢于担当责任的有爱心的、有诚信精神的人来追随。回到刚才的问题，如果让我选择我会选择什么呢？告诉大家，我做一只优秀的众猴。

看似简单的选择，看似与文本无关的选择，却恰恰透视出了薛老师对文本独特的解读！学生们在选择的过程中，既体会到了石猴与众猴的关系，又在无意中真实客观地面对着自己的品质和能力，感悟到，做事情不能想当然，要量力而行。

就这样，石猴在薛老师的手中重新拥有了生命，学生们在涵泳和浮出，融入和抽身之后完成了认识和思考的跨越。但课堂永远是一门遗憾的艺术，薛老师这节课也不例外。窃以为这节课教师手中的缰绳扯得有点过紧，学生学习中该读哪一段，该体会哪一句全是由老师根据自己的选择而定的。这样，无论学生体会的角度多丰富，体会得多深刻，也终归是对同一个点的感悟。教学中如能适度做到点面结合，普通感悟和深入探究结合，也许会给学生留下更丰满的印象。另外，在学生体会到猴王被压在山下五百年的痛苦以后，如果再返回来读读

“夜宿山崖之下，朝游峰洞之中”的快乐和幸福，将会完成对文本“潜入——浮出——再潜入”的循环，循环之后带给学生的会是更强烈的震撼。

第五辑　做一个具有人格与学术双重魅力的教师

做一个具有人格与学识双重魅力的教师

在众多衡量教师质量的指标中，师德是最重要的一项内容。曾经收集了不同地域、不同学段、不同学校的教师工作考核表，发现虽然各地各校办学理念不同，经济文化发展差异很大，但是对教师考核却是惊人的一致，尤其是师德一项，在每一张考核表中全部排在第一位。可见，师德是一个教师成为优秀教师的首要元素。

那么，如何提高教师的职业道德素养呢？我想，要想找到最直接最有效的途径，首先要明确是什么限制了教师职业道德的提升。为了解决这一问题，我们曾对不同学段不同层面的教师做了调查，发现教师职业道德素养的高低在很大程度上和他们对师德内涵的理解有直接关系。所以，我认为，提高教师层次，提升教师职业道德素养最关键的因素不是告诉他应该遵循什么原则达到什么要求，而是先让他弄清楚自己是谁，是什么样的人，然后就明白应该做什么和怎么做了。就如一个人，如果把自己定位于麻雀，他决不会产生雄鹰的志向。同样，有着鹰一样傲视苍穹志向的人也绝不会像麻雀一样为了贪恋农家小院中的一把谷粒，而放弃了翱翔蓝天的自由和潇洒。

那么，教师应该是一个什么样的人呢？或者说在新的形势下，师德应该具有怎样的内涵呢？我认为，教师应该做一个具有“人格魅力”和“学识魅力”的双重魅力的人。师德的内涵应该是二者的有机结合。

何谓人格魅力？“魅力”一词，字典的解释为“能吸引人的力量”。而最吸引学生的教师人格力量是什么呢？在经济社会已经有了巨大发展和变化的今天，在我们国家因国力的极大提升而面临更为复杂多变的国际环境下，尤其是小学中高年级和中学，教师的人格魅力绝不仅仅体现在对学生的和颜悦色和事无巨细亲力亲为的奉献精神上，还应该有合乎时代要求的更新的内涵。仅仅具有“亲力亲为”这样精神的教师，在学生的眼睛中充其量是一个“好人”而已。而我们的教育不仅仅要引导学生做一个个“好人”，还需要引领学生做一个个有社会责任感和时代使命感的“贤能之才”。

而从“人格”一词的内涵看，它其实还包含了一种非常宽泛的精神诉求，它包含着真实、进取、睿智、宽容、爱国等众多元素。在这些众多人格元素中，“爱国”因素代表着更高的精神境界和精神诉求，是居于第一位的。“爱国”是一个教师所有人格魅力的精神基石。过去强调的家国同体的情怀、心忧天下的意识，就是一个非常生动的历史写照，也是一份永远不能忘却的精神传承。一个热爱自己祖国的教师，会以祖国的发展要求为己任，会从未来的角度去审视未来人才应该具备的素质，当一个教师能够着眼于未来的时候，他就能把学生放置在一个长远规划中去培养，而不会以狭隘的眼光、陈腐的观念，局促到有限的课堂上用一节课的得失、一件事的优劣来评判学生，也就不会为学生套上所谓的“成长的枷锁”。蓝天给了大树自由伸展的空间，蓝天是美的；大海给了鱼儿自由遨游的怀抱，大海是美的；教师给了学生自由成长的期许与发展空间，教师在学生的心中就是美的，就是真正具有影响力的。

当然，表现在宽容上的教师人格魅力也是非常重要的。教师对生活的宽容，带给学生的是阳光般的美好；对学生中存在问题的宽容，带给学生的是宁静与祥和。富兰克林说，"宽容中包含着人生的大道至理，没有宽容的生活，如在刀锋上行走。"爱默生说，"宽容不仅是一种雅量，文明，胸怀，更是一种人生的境界。宽容的同时，也创造生命的美丽。"的确，宽容是一种仁爱之光，一个人的胸怀能容得下多少人，才能够赢得多少人。一位教师，他的胸怀能容下多少学生，才能有多少学生在他的真情沐浴中健康成长。

所以，一个具有人格魅力的教师，应该是一个深怀宽容精神的教师。在他的眼里，不是处处皆阴暗，对现实充满不满，不是外国的月亮一定比中国的亮和圆，不是过分严厉，不是过分苛责。一个优秀的教师，他一定是一个温和的人，一个能够容纳的人，一个绝对值得家长信赖的人。他们在工作中更多地着眼于对学生人生与未来的思考，不汲汲于个人名利的追求。他们"愿意相信，真正的教育起作用的地方，往往在校外"。他们还愿意相信，"学校里真正的教育在他的身上并没有消失，而教育的效力要真正发挥作用，也许在当下，也许需要很长的时间"。

一个具有人格魅力的教师应该是一个积极进取的人。当一个教师对世界充满好奇，对工作充满热情的时候，他传递给学生的也一定是热情和探索的欲望。一个好教师就应该是不断唤起学生学习欲望的人。

其次，学识魅力是一个教师成为优秀教师的又一个重要元素。新时期对教师师德的衡量绝不仅仅局限于人格魅力。尤其到了中学，一个教师的认可度和教师个人的文化素养、教学能力更为密切相关。也就是说，在相当意义上讲，文化素养的高低也是决定一个教师人格魅力大小的因素。北京十一学校魏勇老师是一位高中历史教师，学校要求每一位教师都要面向全校学生开设选修课，于是，音乐、美术、体育、文学等五花八门的课堂向学生开放，魏勇老师开设了历史选修课。历史在高中是一个小学科，历史又是既定的事实，无法随意发挥，所以，一般人看来，历史选修课一定门庭冷落。但是恰恰相反，魏勇老师的课深得学生的喜欢，随着听课学生人数的增加，他的上课地点不得不逐渐扩大——由教室转到会议室再转到阶梯教室，为了保证能够听到课，学生不得不提前占位置。为什么会出现这样的奇观？这和老师本身的学术修养密切相关。如果一个教师在课堂或讲座之中，能够在知识的海洋里纵横捭阖，让学生在聆听中感受思想的冲击，这就是他的魅力所在。有人说“好教师是在课堂上显得比平时更漂亮的人”，这漂亮的源泉就是学识。一个真正具有高尚师德的教师应该努力让自己的学生向往知识，向往真理，应该有能力激发学生强烈的求知欲望，能够让学生学会用自己的眼睛看世界，以主人的身份立足于这个世界之中。一个知识贫乏、在课堂上捉襟见肘、在学生的问题前支支吾吾的老师，即使无限付出，即使是学生真诚的朋友，也不能算得上是一个优秀的教师，更不能算得上是一个师德高尚的教师。

所以，每一位有理想有良知的教育者，都应该着力提升自己的人格和学术修养，这是当今社会对教师的需求。当然，我们还必须认识到，教育永远是理想的事业，对教师职业素养的要求必须和时代的发展接轨。所以，将一个什么样的教育理念注入社会的发展态势之中，或者说教师以怎样的风貌适应社会发展的需要，都是“师德”必须思考的新内容，也是每一个教师需要永远思考的话题。

为自己搭建一方专业发展的平台

教师应该走专业成长的道路，这已经不是一个新鲜的话题，但是，如何走专业成长的道路则永远是年轻教师所关注的，尤其是边远地区的老师们。在没有得天独厚的自我条件和环境条件的前提下，如何让自己在专业发展方面走向更高，应该说是一个困扰着很多有志向教师的重要问题。

和很多老师交流教师成长的困惑，听到最多的是没有平台的感叹。这里我们就需要思考一个问题：教师成长的平台到底掌握在谁的手中？是领导手中？还是自己手里？无论是从我个人成长的个案思考，还是众多名师成长的路径来看，教师成长的平台一小部分掌握在领导的手中，一大部分应该是在自己的掌控之下。为什么这样说呢？我们先来分析一下标志一个教师专业发展走向成熟的因素是什么？我想，应该是课堂和思想。虽然课堂中促使教师大幅度提升的公开课堂需要学校领导给机会，需要大家的帮助，但是，上好每一节家常课是老师们自己的事情。尤其是教育教学思想的构建，更不是别人要你拥有你就能够拥有的。读书、实践和反思是构建思想的最重要的途径，而这些更多是个人行为，而不是集体要求。

刘良华教授在教师成长的话题中曾经提到，很多人抱怨没有人发现自己，其实，是自己没有为自己寻找一方平台一直不断地做下去。我觉得这话说得真好。我们身边就不乏这样的例子：贾彤的学校位于油田前线，学校小，学生少，但是贾彤为自己找到了一方平台，那就是博客写作，也正是这博客、这写作，让贾彤走到了更多老师的视野中，走到了河南教育这一方更广阔的舞台上；李慧香老师身处县城，学生就是她实现自身价值的平台，在这一平台上，她用自己的努力书写着学生的优秀，所以，她也走了出来；贾会斌从教六年，还是一个地地道道的教育新兵，但是，他把课堂当作自己的平台，在这平台上思考钻研和实践，才有了课堂魔术师的雅号；卞红建管理语文理念的提出，一定是在大量实践与思考基础上的提升；还有吴良，三年多的时间在新浪网写下 600 多篇博客，50 多万字，2007 年 10 月，又在河南校通信网站建博客，一年的时间里就写了 180 余篇，这样的写作状况不能不让人深深敬佩。可以说，是思考和实践让他们为自己搭建了这一方成长的平台，是这一方个性的平台托起了这许多老师的成长。

尤其要注意的是，在这个平台上，写作，并把它发表出来是一个很重要的成长路径。没有杂志发表的时候，我们就选择适合自身发展的渠道与方式，例如博客。它是自由表述的平台，类似于个人的工作室。博客是一个很个性的地方，一则可以随个性抒发自我对教育的感悟，二则可以在博客的大家庭中与其他人进行思维火花的碰撞，以此获得更多的真知。正如吴良老师那样，根据自身畅游在“博客天地”，感受着来自各方的“博客智慧”。不同的教师各自又有个性的差异、教育教学的特性，但聪明者都会根据自身特长和爱好为自己创设平台，搭建交流的场所。

从经验中学习，在反思中成长，选择适合自己的有效发展手段是每一位教师成长所需的。但不管形式、方式如何的新颖，最有效的方式之一仍旧是我们要结合自己的教育教学实践开展行动研究。众多的案例说明：经验型教师是通过不断的行动研究而较快地成长为富有创新精神和创造能力的反思型教师的。流沙河的《理想》里这样阐述："理想是石，敲出星星之火，理想是火，点燃熄灭的灯；理想是灯，照亮夜行的路；理想是路，引你走向黎明。"有什么样的选择，我们的发展就有怎样的结果，为自己搭建怎样的平台，我们就会展示怎样的自我风采，"因为你选择了奋斗，选择了坚持，选择了成功。而一般人不做这个选择，不做选择便是选择失败，所以失败也是一种选择。"专业发展是一种选择。

在学生心中播下一粒向往未来学习的种子

三年级是小学阶段的一个关键时期，是小学生学习的重要转折点。进入三年级的学生犹如进入了一个新的跑道，——告别了低年级单纯的字词句的学习，开始走入严格意义上的阅读和写作训练，也可以说，真正的语文学习是从三年级起步的。在这一时期，学习形式发生了变化，学习内容发生了变化，学习强度和难度都突然加大，正是因为这些原因的存在，导致三年级学生的学习成绩成为小学阶段的低谷期。也正因如此，许多老师在三年级的第一节课上，都习惯大讲、特讲三年级学习的困难，将三年级的重要性强调得神乎其神。尤其是作文，更是被老师说得难上加难，甚至让大家做好学习成绩下降的准备。我知道，老师们的出发点是好的，强调难度就是要学生更加努力，强调重要无非是要孩子们更加重视语文学习，有压力就有动力嘛。但效果怎么样呢？真的是有压力就有动力吗？真的是压力越大动力越大吗？

一次，在三年级听一个老师的第一节课，这位老师就如此这般讲得头头是道，学生们端坐在教室听得聚精会神，我坐在教室最前面，有机会观察学生的表现，我发现，很多孩子的眼睛中洋溢的不是兴奋，而是隐隐的恐慌。下课后，我问一个学生：喜欢三年级吗？喜欢语文吗？他看看我摇摇头又点点头，怯怯地说："老师，三年级学习是不是很难?"我又问了其他几个孩子，大多都是这种害怕和紧张。

我很理解这些孩子们。想想也是，不要说孩子，即使我们大人，当老师第一节课就告诉你，你即将学习的这一门学科既难学又会学不好的时候，你还愿意学吗？你还有兴趣吗？当重重高山挡在前面，很多人的第一选择不是征服是退缩。大人尚且如此，更何况这些八九岁的孩子。

所以，我认为，压力不一定就能转化成动力，特别是面对这些才八九岁的孩子，与其把他们一下子吓倒，还不如反其道而行之，唤起他们学习的欲望。我这样对学生讲：

同学们，欢迎你们升入三年级！从今天起，你们又跨上了一个更高的台阶。三年级是一个美好的年级，在这里，我们将跟着许许多多的作者走进一个更广阔、更丰富多彩的世界。我们要去参观边疆的民族小学，要去爬黄山的天都峰，要去欣赏美丽的小兴安岭、富饶的西沙群岛的秀美景色。我们还要去看看列宁怎么关心灰雀、孔子是怎么拜师的。你想了解我们这五彩缤纷的世界是怎么来的吗？那就走进神话传说《盘古开天地》去读读吧。在这本书中，很多文章写得十分优美，我最喜欢这一段话：

秋天的雨，有一盒五彩缤纷的颜料。你看，它把黄色给了银杏树，黄黄的叶子像一把把小扇子，扇啊扇啊，扇走了夏天的炎热。它把红色给了枫树，红红的枫叶像一枚枚邮票，飘啊飘啊，邮来了秋天的凉爽……

你想知道这段优美的语言出自哪篇课文吗？那就到书中去寻

找吧！

三年级，我们开始正式写作文了，能用自己的语言记录自己喜欢的事情，表达自己的感受，那可是一件最开心的事情。三年级和高年级的同学一样拥有规定的作文课，我们将学到很多作文的方法，会写出很多优美的文章。而且，偷偷告诉你们，三年级的作文要求一点也不高，只要你们把想说的话围绕着一个意思写下来，句子通顺，就可以得 100 分！

三年级，我们会有机会读更多的书，字词积累多了，阅读速度加快了，就可以畅快地阅读，那可是一件很惬意的事情啊！

三年级还有一件更让你们开心的事情，——你们可以学习写钢笔字了！二年级的时候很多人偷偷使用钢笔，被老师看见了，还要接受一番教育，不得不把钢笔收起来，那时候心中一定很沮丧。三年级就不同了，从今天起，你们不仅不用再偷偷摸摸，而且，还可以得到书法老师的指导呢！我知道，你们一定很向往！

同学们，三年级还有很多你喜欢的事情，老师在这里不能一一例举，那就让我们走进三年级，好好去感受感受吧！

在我极具诱惑力的描述中，学生的脸上充满了好奇和兴奋，有的竟然忍不住偷偷翻开了新语文书，似乎要尽快去体验一番。就这样，第一节课，我给学生的不是学习的压力，而是去探索、去学习的期待。有句话说得好：十年前，我认为小鸟飞不过沧海，是因为没有飞越沧海的能力，十年以后我才明白，不是小鸟没有飞越沧海的能力，是因为沧海那边没有了等待……所以，我想，在孩子的心灵中种下一粒向往未来学习的种子，应该是第一课最重要的任务，同时，这也是教师的魅力所在。

备课也是有诀窍的

备课是一个老师必须要完成的工作，备课质量的优劣在很大程度上决定着课堂教学的成败。所以，在整个教学实施的过程中，备课起着至关重要的作用。但是，部分教师对备课的含义认识比较肤浅，很大程度上把备课等同于写教案，认为看两遍教材，结合教参的要求把教学过程写下来就是备课了。其实，这远远不够。备课是极具个性的行为，所备之课体现着一个教师心中所期望达到的教学目的，蕴含着教师的教育思想，甚至教师的创造性、对语言文字的敏感力等基本素质也蕴含其中。所以，真正意义上的备课是建立在对文本及教学流程深入思考的基础上的。

那么，课该如何备呢？备课应该遵循一条怎样的路径呢？

首先，解读文本是备课的第一关键。

什么是文本解读？个人认为，所谓的文本解读是教师利用自己的生活经验、知识积累，在自身情感态度价值观的影响下走进文本，走近作者，形成自己对文本的理解的过程。文本解读的价值在于实现作者与读者的双向交流，并在交流中探明文章的意义。一个优秀的教师应该是十分注重文本解读的教师。因为教学的个性彰显首先表现在解读的深入程度与个性上。

文本解读时我们可以这样做：

1. 纯净的读。所谓“纯净”的读，就是在阅读文本以前，不要翻看任何工具书，不要搜索任何与文本相关的资料，不要和任何人去交流看法，这样做的目的是不让别人的理解影响你的认识，不戴着有色眼镜去看文本，这样做的结果是对文字的所有感悟均是由自己的心中生发。这时，我们会捕捉到不少个性的灵感。当然，文本的解读不仅仅靠灵感，更主要的是思索和体悟，这就要求我们多读几遍，所谓书读百遍，其义自见。

2. 仔细的读。所谓的仔细，就是要我们深入到文本字词句和标点中去思考，甚至研究。并把自己在阅读中对字词句的理解批注在旁边，不要管这些批注的价值大小，甚至不管是不是有用处，在教学还没有目标的时候，就让它们随意散落在身边，不要急着用价值衡量，也不要急着把它们串起来。

3. 查阅相关资料。资料的查阅可以从几个方面着手：一线教师（包括名师）的备课资料，比如教案、教学时录、教后反思、课评等等，这些资料带给我们更多的是教学操作技术和教学思想。（这一点有条件的老师都能做到）如果所面对的文本是名家经典作品，还可以查阅教育以外的专家学者对文本的解读，他们的解读往往能打破我们作为教师解读文本的窠臼，开启我们认识文本的第三只眼睛。但是，这一环节必须放在自己对文本理解的基础上进行。查阅资料的目的是调整思考角度、弥补思考不足、拓展思考视野、提升思考高度。只有这样，教师个人才不至于被淹没在别人的思考之中。

当然，文本解读的目的不仅仅是读懂文章内容，读出文章中的训练点，了解别人的思想，更重要的是发掘属于自己的个性解读。

读出个性很大程度上需要具有独特的阅读视角，这种视角是建立在丰厚的积累之上的，和老师个人的阅读积累密切相关。所以，在很多老师的眼中，读出个性成了一个遥远的目标，其实也不尽然。针对文本“提问”就是一个人人都可以操作的方法。

例如，我教《检阅》的时候，为了发掘文本所蕴含的意义，一遍一遍地读书，边读边思考，“同学们为什么让博莱克参加这次检阅?”“在检阅中他们会遇到哪些困难呢?”“这次检阅会给博莱克带来什么影响呢?”“他们会记住这次检阅吗?”“检阅会带给同学们、带给博莱克什么收获呢?”“观众为什么称赞他们呢?”等等，在这许多问题的纠织中我突然发现，同学们对博莱克的关爱，博莱克的自信和自强不都在这次检阅中体现出来了吗？有了这一次的成功，在以后的生活中再遇到类似的人和事，他们就会知道怎么做了。所以，这次检阅不仅仅是一次队伍的检阅，还是对同学们心灵的检阅，更是一次人生的检阅。

但是，又感到这样的定位对三年级的孩子来说太高了，太过理性了，不符合三年级学生的年龄实际。怎么避免这种情况呢？我继续思考，继续读，继续提问。“这篇文章的主人公是谁?”“作者和编者想弘扬的是什么?”“博莱克该不该参加这次检阅?”“艰苦的训练会不会带给他其他的伤害?”“同学们讨论要不要博莱克参加检阅时博莱克在哪里?”“队员们为什么让他站在第一排?”“为什么没有人征求博莱克的意见?”“博莱克自己什么想法？为什么文章一字没提?”“博莱克参加不参加这次检阅应该由谁来决定?”“博莱克在检阅中应该站在队伍的什么位置应该由什么来决定?”又是一系列问题。

这一次的思考让我发现了文本本身存在的问题，这篇文章的主人公是谁？从篇幅上看应该是儿童队员，但从内在中分析应该是博莱克，因为，一切问题都是围绕着他展开的。但是，文章写博莱克的文字只有短短的一个自然段，几十个字。于是，我意识到了这里面存在着一个很明显的“主人公缺失”的问题。博莱克的命运操纵在儿童队员们的手中，自己却没有丝毫的决定自己做什么、怎么做的权利，这显然是大家对博莱克的不尊重。于是，“什么是真正的尊重”的主题就明晰了。隐藏在文本背后的意义就是这样被开发出来的。

其次，确定主题，依据主题取舍材料。

备课，在某种意义上和作文一样。详细解读文本以后，要确定教学的方向，然后把细读中呈现出来的琳琅满目的素材依据确定的中心进行取舍。与主题相关联的留下，相距较远的舍弃。教师在备课中只有敢于取舍、善于取舍才能让教学不至于成为一棵挂满铃铛的圣诞树，体态臃肿不堪。也才能达到线条明晰，结构干静，简约而丰满的境界。

对文本深层意义的解读也有一个梳理、取舍的过程。因为，任何一个文本，在解读的过程中都会诱发我们不同层面的思考，这些思考又会为我们带来不同的解读结果，这就要求老师们进行选择时一定要关注文本本身，关注学生实际，不能为了求新求异而脱离了文本的实际内容，把意义的解读置于学生跳几跳也够不着的地方。那样，再精彩的解读也会由于脱离了大地而成为毫无价值的空中楼阁，是毫无实际意义可言的。

第三，在虚拟的场面中呈现教学流程，写出教案。

准备工作做好以后，很多老师就会急着去写教案，仿佛教案写下来了课就备好了。其实，教案的书写只是一个文字记录的过程，并不十分重要。重要的是在写教案以前，教师应该在心中呈现教学场景，模拟教学流程。因为，在用心模拟的过程中，教师可以完整把握教学全局，并根据想象中学生学习的难易及时调整教学思路。教师的语言和行为因为被置于一定的真实的场景中，所以，指向性更明确，教师更容易在模拟中发现问题，并进行更加合理的修改。教学也就在不断的修改中变得更加完善，更接近于学生的学习实际。当教学已经印刻在心中的时候，教案只能是作为一种备忘出现在我们的笔下。

第四，几点额外的建议。

1. 工具与人文的侧重要根据文本情况而定，不能跟风。

因为种种原因，许多一线教师在备课中喜欢跟风。《小学语文课程标准》颁布以后，很多语文老师舍弃了语文能力的训练，着力开发文本的人文内涵；近两年，看到全国小语会的专家在倡导语文工具性的重要，又马上摒弃人文，只要工具。其实，所有老师都知道，工具与人文偏废任何一个方面都是片面的，语文教学呈现的应该是工具人文的圆融。这种圆融不仅表现在同一个文本中对二者的兼顾，还表现在不同文本中不同的侧重。因为，语文教材中文本的选择是多彩的，文本本身有自己独到的特色，工具训练还是人文熏陶的侧重都要随着文本本身的特点而定，切不可强求，或者生拉硬拽。比如，教学《船长》一课时，我曾听从大家的建议，想把最后引入克拉玛依大火让学生感受英雄重要的环节去掉，改为读写结合训练。把课文翻来覆去地思考了许多遍以后，把目光锁定到了对话描述上，这一段对话有一个突出的特点——很少有提示语，即使有的地方也很简单，仅仅是“船长说”、“船长喊道”、“船长又说”等等。但恰恰是这样的对话句式让我们感受到了当时情况的紧急，船长的果断。于是，我就选取这一训练点，让学生试着想想船长和大副机械师对话的表情、动作、神态等，为这些句子补充上他们认为比较合适的提示语，然后与课文两相比照，深刻体会作者写作的独具匠心。但是，试教以后，我还是回到了原来的设计，原因有二：

一是这样的比照太浅显了。教学中，当我说："提示语在对话描写中起着至关重要的作用，有人说写好提示语对话就成功了一半，那为什么伟大的作家雨果先生却没有写太多的提示语呢？是不是作者给忽略了，我们不妨试着为他补充上，看看是不是比原文更好了？"话还没有说完，同学们的小手如林般地举了起来：

有的同学说："如果有很多提示语，读者在读这段话的时候，就要读很多次谁谁说，谁谁怎么说，不仅不能让我们感到当时情况的紧张，反而会使对话变得啰嗦拖沓，效果肯定不好。"

也有的说："一个'简短有力'就可以让我们感受到他们对话的所有语气，我们可以想象在那样的环境下他们是怎样地说、怎样地做、怎样的表情和神态，但如果作者把这些都写了出来就会没有了任何想象的余地，那就太直白了。"

二是我深深感到，像《船长》这样一个叩问生命的文本，在现行的教材中是很少出现的，我没有理由舍弃它的特点，扬其短而避其长。语文学科负载的不仅仅是知识和能力，还有情感道德价值观！后来在全国许多地方上课的效果说明我的选择是正确的，因为，在学习中受到震撼的，在船长面前开始思索的不仅仅是学生，还有听课的老师。

2. 要根据文章体裁特点而定，不能统一模式步骤。

很多人备课时有一个固定的模式，无论什么课文都能套在这个固定的模式下进行教学。其实，我个人认为，教学是最不需要模式的，教什么和怎么教一定要根据文章体裁而定。这就要求我们老师在备课时一定要分清你面对的文章是什么题材，因为童话、小说、古诗词、现代诗词、说明文等不同题材的文章有不同的编排目的和学习策略。教学中不能单纯的以语文知识掌握、情感道德体验等来衡量。当我们把文章体裁分清楚了，教学目的也就清楚了，课就能备出特色了。比如，《有的人》是一首著名的政治抒情诗，如果站在讲解的角度将会有很大的难度："虽生犹死""虽死犹生"的人到底是什么样的人？怎么样才是"人民把他摔垮"？为什么"把名字刻在石头的人名字比尸首烂得更早"？教学如果纠缠于这些字里行间就没有了诗的韵味。所以，我们在备课时就从小学诗歌教学的目的出发来思考，重点放在了朗读和欣赏两个层面，至于诗的意思仅仅让学生寻找鲁迅的影子、想象鲁迅的镜头，又对赞颂了像鲁迅一样的人做了很淡很淡的触及，至于反面人物，教学做了忽略。这样，就把一首政治味道十足的诗歌上成了一节颇受欢迎的语文课。

最后我要说的是，备课是有诀窍的，但所有的诀窍都是老师们在自身实践中创造的。我想，无论是什么，自己创造的一定是最适合自己的。

我们可以这样说课

何谓说课？遍阅不同的人给出的不同定义，发现虽然表述的形式不同，但所含蕴的意思却没有太大的差别，就我个人看，“说课”，可以简单表述为“把自己对教材的理解、对教学过程的设想及其理论依据向同行或者专家学者表述的过程。”

所以，说课是一种不同于备课和上课的展现自己教学思想和教学能力的特殊的形式。

说课稿的撰写不同于教案，教案主要呈现的内容有明确的教学目标、教学重难点及连贯而清晰的教学步骤。也不同于教学实录，教学实录主要是通过师生的对话真实地再现教学过程。说课稿的撰写流程一般包括教材分析、教学理念、教法学法、教学目的和重难点、教学程序、板书设计等内容，而且，在教学程序中，对重点环节不仅要写清楚教什么，怎么教，更重要的是还必须写出为什么要这样教，这样设计的理论依据是什么。也就是说，要进行深度反思。

说课在展现形式上也不同于上课，上课是教师在特定的环境中，依据教案，和学生共同学习的过程，是具体的教学实践活动，它的目的是让学生“学会”和“会学”。而说课是教师个人的“独角戏”，它的听众群体是教师、专家及学者。它的目的是给大家清晰明白地展现一次教学活动的设想，使听者听懂，且唤起他们强烈的认同意识。

也正是基于这许多不同，所以，说课时我们要关注两大方面，一是说课稿如何写，一是“人”如何说。

关于撰写说课稿的问题，我想，要关注以下方面：

一、教材定位要清楚

教材是指导学生学习的载体，对教材了解和把握的高度和深度是说好课的重要前提。所以，说课的正式环节一般应该从对教材的介绍入手。具体要为大家讲清楚自己所说课的题目、文章在教材中所处的位置，以及单元训练重点，然后简要介绍文章的结构、主要内容或语言特点。让听者在最短的时间内对文章有初步的了解。接着还应该交待清楚本年级学生的学习状况，学生的年龄特点、心理特点及学习的实际，在此基础上介绍自己根据教材特点和学生特点设计的教学目标、教学重难点，以及突破重难点选择的教学方法等。

比如人教版小学语文课标教材六年级上册《山中访友》一课就可以这样介绍：

《山中访友》是著名诗人、散文家李汉荣先生的一篇散文。是人教版小学语文六年级上册第一单元中的一篇课文，本单元为我们展示了大自然的有声有色，有情有意。在学习中体会作者是怎样细心观察大自然，如何表达自己的感受是单元教学的重点。

本文是本单元的第一篇课文，也是一篇独特的文章。文章中，作者所拜访的“友”是一群“非人”朋友，它们中有庄严的老桥，挺拔的大树，智慧的悬崖，活泼的云雀等等。通篇以拟人的手法，凭借清新的笔调、灵动的语言、动情的述说为我们呈现了一个童话般的世界。在这个世界中，人言树能懂，云语人会听，老桥，露珠，山泉，小花，个个都是生命的化身，都是世界上的小小精灵。和它们相见，犹如和久违的亲人、朋友相遇，那份亲切，那份舒适和惬意带来的愉悦是只有用心才能感受到的。字里行间透射着作者心中对这些物、花、树、鸟的敬仰、感谢、喜爱和怜惜之情。

本文构思独特而巧妙，但作者这种超越视野的叙述角度在给学生带来“游记也可以这样写”的惊叹之时，也带来了学习的难点——为什么作者说山中的树木花草、峭壁悬崖是自己的朋友？作者面对这些朋友是如何诉说自己的心声，表达自己情感的？只有突破了这一难点，学生才能真正明白本文中含蕴的情感，体味到人景相融的快乐。所以，教学中，我以对“朋友”的质疑为缘起，结合生活中对朋友的理解涵泳在文本中，品味朋友的含义，理解作者笔下之言、眼中之景、心中之情。

在教学方法上，由于本课的语言极具诗的特质，言辞清丽而流畅，情感真挚而素朴，是引导学生品味语言，吸收积累语言，感知汉语言文字魅力的绝好材料，所以，教学以诵读为主，使学生在不同形式的诵读中触摸语言散发出的轻烟软玉般淡淡的芬芳，深深感受朋友相处时的轻松和惬意。而文章中比喻、拟人、拟物等修辞手法运用的绝妙以及由此而营造的人景相融的美好意境在诵读中就真切地展现在学生的面前，融化在学生的心中了。

结合课文的特点和学生的学习实际，我制定了一下教学目标：

1. 学会课后八个生字，注意“邀”“瀑”的写法，明白“津津乐道”“德高望重”等词语的意思。

2. 有感情诵读课文，在诵读中感受作者与大自然之间浓浓的亲情和友情，体验人景相融构建出的美好境界。

3. 背诵有关段落，理解如“老桥，你如一位德高望重的老人”等重点句的意思，品味“我靠在一棵树上……血液变成树的汁液，在年轮里旋转、流淌”等拟物、拟人修辞手法运用的好处。

三条教学目标中，在诵读中体悟文章写作手法的巧妙之处，在理解作者在山中游览为什么叫作“访友”的过程中，感知朋友的要义分别是教学的重点和难点。

为了突破难点，我拟安排同学们或者在家长的带领下、或者同学结伴到野外远足，亲近大自然，为学习中和作者产生情感共鸣提供条件。

这样，教材的定位、教学的主要设计理念及教学重点就清晰地呈现在听者的面前。需要说明的是，在整体介绍教材的时候，除“教材简介”“学情分析”一般处于第一、二位置以外，其余如“教学理念”“教学方法”“教学目标”“重点难点”“课前准备”等可以根据自己的需要调整位置或增减，表述时可以用“说教材”“说学生”“说教法学法”“说教学目标”这样的理性语言严格区分清楚，也可以像上述例子一样，用适当的过渡语把这所有要说的融合为一个整体。

二、教学流程要简明

教学流程展现的是教学过程，教师对教材的理解和把握、教学设计的优劣以及教学理念都在这一部分中得到充分的展示。所以，说课稿的优劣百分之八十由这一环节决定。因此，说教学流程是说课的重点环节。那么如何说好教学流程呢？我想，好的教学流程应该具备以下特点：

1. 要清晰具体。

要想让听者通过你的说了解你的教学实际，教学流程的设计一定要清晰完整。具体而言，要从新课的引入开始说起，然后按照教学设计逐步展开，以及课堂小结、课后的巩固练习，作业布置，板书设计等都是必须要说的内容，而且还要说出教学各环节的衔接和过渡。

2. 要详略得当。

说课毕竟不同于上课，不是每一个环节都必须操作到位，再者，说课有时间的限制，一般是15～20分钟左右，这就要求说教学流程的时候，既不能太概括，三言两语说完了，让听者不知道教学的思路；也不能太具体，像上课一般师生问答展示。所以，说课中的教学环节一般应采用概括与具体相结合，对于非重点或者次重点的内容，可用概括的介绍一带而过，而对于教学的重点难点教师则要详细阐述，说清楚其中含蕴的小的教学环节，以及每个环节中教师是如何指导学生学习的，预测达到的学习效果等。容易引起歧义的地方，教师要展示几种教学预设，并分别针对不同的预设写出自己不同的指导对策。

3. 要讲清楚教学环节的设计理念。

说课是一种特殊的教研活动，除偶尔用于评比外，更多的时候是教师之间互相研讨、相互切磋，从而使教学设计不断趋于完善的一种教学研究形式。无论目的是什么，说课都要求教师在一定的高度上对教材对自己的教学设计有一个理性的思考。所以，说课稿有别于教案的一个重要的标准就是，说课者在讲述教学流程的过程中，要针对重难点环节谈明白自己为什么这样教。以便听者能从理论支撑中看到说者对教材的理解深度以及对教学的认识高度。但同时要注意的是，教学流程中各环节的教学设计依然是说课重点，理论支撑不可太多，阐述要简明扼要。

下面以《匆匆》一课为例来展现说课中的教学流程：

……

下面我开始说教学流程，本节课的教学我将分四个环节完成，分别是：在聊天中相遇——让先生走进孩子们、在读书中相识——初窥先生内心、在交流中相知——理解先生的感叹、在拓展中深思——让时间成为永恒的关注。

首先进行第一个环节：在聊天中相遇——让先生走进孩子们

我这样导课：在我国历史上有一位著名的散文大家，他，就是朱自清先生。（出示朱自清照片）关于朱自清先生，相信大家对他有一定的了解，交流交流吧。

看似很简单很随意的聊天，其实拉近了朱自清与孩子们的距离。"亲其人，爱其文，信其言"的道理尤其适应儿童。再者，此文理解难度较大，对作者的认识有助于学习过程中读懂文章的含义，理解作者所表达的情感。

需要注意的是，此环节的"相遇"只是为学生的学习做初步的铺垫，教师要注意"聊"的轻松，不必过高要求学生，避免学生产生畏难情绪。

在学生对朱自清先生有了初步的了解后，带领学生与朱自清在读书中相识——初窥先生内心

此环节分两部进行：

其一，读熟课文，理解生字词。

在这一环节中，我先让学生自己读课文，并在学生朗读中巡视，发现读不好的词语或句子予以指导，并把一些错误率较高的词语写在

黑板上。比如：

伶伶俐俐　徘徊　赤裸裸 头涔涔 泪潸潸

在学生能正确读好以后，交流：在这些词语中你理解哪一个的意思？引导学生结合实际理解。

何为生字词？我认为判断的标准应该是学生不认识、读不准确、不能明晰其意思。因此，识字教学中，教师既要关注教材生字表的提示，又要根据自己的判断搞好重点字词的预设，还要在学生读课文时关注学生的实际，三者结合，才能使识字教学更趋完善。

其二，提出不懂的问题，讨论交流。

在学生质疑的基础上，走入第三个教学程序：在交流中相知——理解先生的感叹

我这样引入：时间就是这样，无论你是否愿意，它都不会停下自己的脚步，于是才会有“日月如梭”地感叹，才会有朱自清先生紧张、难过和深深地反思。再读课文，你从哪些文字中感受到了时间的流逝和朱自清先生的无奈和痛楚呢？

然后让学生汇报交流。学生的交流也许是无序的，教学就随着学生的交流顺序而定，为了清晰起见，这里按顺序分段呈现。

（一）第一段

本段教学可以按照“朗读——想象画面——交流——朗读，体验朱自清先生的无奈和焦虑”的环节进行。

学生对画面的描述过程其实是触摸朱自清内心的过程，与“你体会到朱自清先生怎样的心情？”等问题相比，多了一点诗性，少了一点理性，而语文的学习很大程度上是培养学生诗意栖居于世界的能力的。

（二）第二段

本段是教学的重点，在汇报交流中，教师可重点抓住“但我的手确乎是渐渐空虚了。……没有声音，也没有影子。”这句话引导学生理解。具体可做如下引导：

（1）引导学生明白“我的手渐渐空虚了”

同学们，如果我们的手中捧满了豆子，当手中的豆子将要漏完的时候，你的手什么感觉？（渐渐空虚了。）现在朱自清先生捧的是什么？他失去了八千多日子，所以感觉到自己的手渐渐空虚了。

（2）引导学生明白“我的日子滴在时间的流里，没有声音，也没有影子。”可分以下环节进行：

A. 引导同学们联系自己的年龄谈。算一算自己过去了多少日子？

B. 中国人的平均寿命大约是七十岁左右，也就是说现在你们的人生已经走过了七分之一，你感觉到了吗？你的日子到哪里去了？（学生可以按书上的回答，也可以结合自己的实际回答）

（3）也许同学们现在也和作者一样，感到——“头涔涔、泪潸潸”了。这里的汗是着急的汗，这里的泪是焦急的泪！

有时我们会发现这样一个怪现象：越是难以理解的语言，我们越难以解释，甚至解释得越多越说不清楚。但这些所谓的难点一旦和生活结合起来，瞬间就会变得清晰又简单。

（三）第三段

本段的教学主要是在朗读的过程中想象文章语言所描述的画面，并在想象中感受到时光脚步的匆匆以及作者的忧虑和焦急。在此基础上，引导学生体会写法上的独到之处，并结合自己的实际，学习作者的写作方法，写一段话。

此环节的价值让学生由读作者转到读自己，这一转变使学生的学习发生了质的飞跃，读自己的过程是他们感受切肤之痛的过程，只有用自己的身心亲自去体验，领悟才是深刻的，记忆才是永恒的，影响才是深远的。

（四）第四段

这一段话是朱自清先生在自警自省，教学中为了帮助学生理解“过去的日子如轻烟……我何曾留着像游丝样的痕迹呢？”这句话，可以带领学生深层次了解朱自清的生平，然后，让学生给朱自清先生下个评语，体会到朱自清先生内心深处的表达。

教学的最后是让学生在拓展中深思——让时间成为永恒的关注

此环节由背诵珍惜时间的名言入手，在钟表的滴答声里诵读全文，结束全课的学习。

（板书设计及作业练习略）

常言说：三分戏，七分演。说课也是如此。教师该如何说才能收到很好的效果呢？我想，可从以下方面关注：

1. 角色定位要准确

说课，是说给同行听的，说给领导听的，是说如何上课的，不是简单介绍上课的内容，更不是上课给人听，所以说课时既不能面无表情、平淡呆板，又不能拿腔捏调，像面对几岁的孩子，要亲切而不失庄重，文雅而不失幽默。说的过程不是先知在布道，也不是专家在培训，更不是学生在求教，是介绍自己对教材的理解和教学设想，唤起听者的兴趣，激发他们的思维，探索更合理的教学设计。所以，说课者的身份定位应该是一个交流者，一个探讨者，一个平等的对话者。

2. 语言要富于变化

一个人的语言表达能力如何在很大程度上决定着说课的成败。好的说课者语言清晰、音量适中、语速快慢错落，让人听得舒服、听得清楚。尤其要注意的是，说课语言可以分为两类，一类是独白，这类语言是说课中用到最多的，比如：教材的分析、教学方法的选择、教学目标与重难点、概括介绍的教学环节、说课中阐述的教学理念等等，都要用独白式的语言；另一种是教学语言，这类语言主要用在模拟情景的时候，说课者以课堂上教师的身份说出来，仿佛面对的是学生。尽量真实地呈现教学难点的学习过程。这样，语言的变化不仅会缓解听众的疲劳，而且能清晰呈现教学流程，突出教学的重难点，给听者以深刻的印象。

3. 让教学过程形象可感

很多人在说课中仅仅把自己定位于一个汇报者的角色，所以，说得过于理性，让听者感到单调乏味。其实，虽然说课的过程不同于上课，没有师生的双边活动，但是，好的说课可以让听者从说者的表现预见教师上课的神情和效果。所以，说课中教师要力争让自己的教学流程生动具体，形象可感。可采用直接陈述和情境模拟相结合的方法进行。也就是说，说课者的身份可在合适的地方做适当的调整，有的时候是一个陈述者，理性地向大家讲述自己设计的教学环节，有的时候又是课堂上的教师，仿佛面对学生一样模拟呈现教学过程，这样就能够引导听者清晰完整的感悟教学环节。

4. 以自信的姿态面对

自信是做好一切工作的前提，说课也不例外。一个好的说课者展现在大家面前的是自信——自信我们的设计最优，自信我们的表现最佳。我们面对的不是评判官，而是需要从我们说课中汲取营养的人；我们从听者的眼神中读到的不是挑剔，而是欣赏和鼓励。这样，就会少一份胆怯，多一份从容；少一点忐忑，多一点信心。

当然，自信不是凭空而来的，它要求我们对教材、对教学设计了然于胸，需要我们扎实的基本功和良好的教学素养作支撑。

关于说课，以上浅言陋语所谈的仅仅是属于技术层面的东西，写出来，供同行们参考斧正。

代后记
成为别人眼睛中的一道风景

（一）

坐飞机，我喜欢靠窗的位置，这一次也不例外，在换登机牌时对机场工作人员说明了要求，于是，我拿到了25E的登机证，我知道这个座位在后舱，靠窗。

走到座位前，一个二十多岁的小伙子已经坐在了靠走廊的位置，我刚在他旁边站下，小伙子就问："要放包么?"我笑笑："先拿点东西。"

小伙子坐着不动了，眼睛注视着前方。可是我的手机竟然没有在平时放的地方，手忙脚乱地翻找，那大包在我的手中显得格外沉重。我知道如果有人站在我身边这样翻找东西，我一定感觉很不舒服。于是歉意地对小伙子说："对不起!"小伙子笑笑："没关系，慢慢找。"

终于找到了，我刚把包的拉链拉上，小伙子就站起来帮我把包放进行李架，又把行李架盖好。我怀着一腔的感激坐到自己位置上。刚坐下就发现又犯了个错误——书没有拿出来！这怎么办呢？两个小时呆呆地看外面的蓝天白云是一件很无聊的事情。但我又不好意思再麻烦小伙子，决心坐一趟不读书的飞机。这时，小伙子站起来打开行李架放自己的手机，我抬头看看他，他马上说："要拿东西么?"我说："想拿一本书。"小伙子什么也没说，递包——拿书——放好，一切那么自然。我轻轻说声谢谢，小伙子笑笑没说什么。

飞机飞了将近两个小时，一路无语。停稳后，小伙子站起来，先把我的包递了出来，然后又拿出自己的包，再挪到另一个行李箱拿出一些孩子用品，递给了过道另一端坐着的一个抱孩子的年轻妈妈，我看看她，她朝我笑笑，说声："谢谢!"还以为他们是一家人，哪知道她把我和小伙子当作同行者了。

我跟在小伙子后面随着人群准备下机。这时，听那位妈妈对后面的一位男士说："请帮我把东西提到座位上吧，不然会挡住大家的道路。"正在往前走的小伙子停了下来，侧身让我走过，转过头对那位妈妈说："我帮你拿东西吧。"我心中一闪念：我是不是也应该帮助这位妈妈拿东西？但不知道为什么却没有停下自己的脚步。走下舷梯我站住了，希望也能帮助这位妈妈，但没有等到。上了机场公交车，透过玻璃窗盯着飞机的出口。我看到，当所有人都下来以后，年轻的妈妈抱着孩子，小伙子帮着她拿着许多东西走了下来，那场景就像是一家人。面对这样一个美好的人，我很希望能和他们坐一辆车走出机场，甚至我也要像他一样给那位妈妈帮个忙，或者就对小伙子说声谢谢。可惜，他们上了另一辆车，我没有了走近的机会。

也许，小伙子对他做的事早已经忘记了，但是，我却久久无法忘怀。因为，他已经化成了我心中的一道风景。

（二）

从小我的记忆力就很好，上学时读文章、背答案虽说不上过目不忘，但超常的记忆力为所有同学所羡慕。但奇怪的是，我的记忆力仿佛只有遇见文字才能显现出不同寻常，每到记人、记名字就显得极为迟钝。和很多人交往多次以后，再见到还是不认识。

这不，到子路小学已经三个多月了，老师们对我都很好，在这里工作生活得也很开心。但是，许多老师的名字我怎么也记不住，为此，还真的遭遇了两次尴尬：

前一段时间邀请北京十一学校特级教师魏勇老师来校讲学，同时参加活动的还有市直其他小学的三百多名教师，魏勇的报告在老师们中引起了很大的轰动。课中休息时，见到一位老师和他交谈得很热烈，于是就走上前去，该老师正在提问题，谈自己的困惑，魏勇认真解答。我站在一旁，很为这位老师的好学精神感动，等他们说完，我诚恳地询问："老师，你真善于思考，请问你是哪个学校的?"

"武校长，我是子路小学的 AX 啊!"这位老师惊讶地看着我。

魏勇点着我笑我官僚。我呢，只有用一连声的"不好意思"掩饰自己的尴尬。

如果说这一次的不认识还情有可原，那么，几天后发生的事情就让我感到深深的惭愧。

那一天下午放学的时候，我又一次和 A 老师巧遇，也记不清这是今天的第几次碰面了。每一次见到我们都相视一笑，或者一句亲热的问候。A 老师是一位很追求上进的老师，在"生命化教育论坛"中，我亲身感受到了她的勤奋，说真的，心底里也很喜欢她，见到了总感到十分亲切。但是，就是怎么也想不起她的名字。

"嗨，我们俩真有缘！今天已经是第三次碰到了。"我先打招呼。

"是啊!"AA 老师一脸快乐的笑容，"武校长，你现在能记得我的名字了么?"

……

这是我最怕她问到的问题！我在大脑中使劲搜索，无奈怎么也搜索不到，只好坦白交待："对不起，我真的忘记了。"一脸的惭愧。

"唉，你怎么还记不住啊！"没有看见她的脸，但这叹息让我感受到了她的失望。

"再告诉我一遍吧，这次一定能记住。"我言词很恳切。

"不告诉你了。"

"呵呵，"我用笑声掩饰我的尴尬。

又一位老师进来，又是一位认识但叫不出名字的老师，为了向A老师证明我不是有意忽略她，我对新来的老师说："对不起，这位老师的名字我也没记住。你叫什么名字啊？"

"武校长，我叫××。"

我微微一笑，记住了。

"挺尴尬的。"A老师说。

"是的，我的确感到很尴尬，很不好意思。"我马上接过来。

"我说我自己挺尴尬的。"A老师说。

我马上进行了弥补："我知道你教数学。"

"是的。"

××老师和我说起了周六的培训情况，简单几句交流后回头再看，A老师已经不见了。这时我已经知道了她的名字，急匆匆寻找，走廊上没有她的影子，我知道她已经走了。满怀愧疚，我匆匆下楼，希望能再次遇到，真不巧，她骑车走在我的前面，校园中学生正在放学，我不好意思大声呼喊，只好看着她渐渐远离。

和同事说起此事，她劝我："你来学校时间不长，记不住所有老师的名字很正常，不要太在意。"是的，也许这真的不是一件很重大的事情，我完全可以忽略不计，但是，我知道“记住他人的名字是一种尊重”，让别人感受到你的尊重永远都是一件最重要的事情。

所以，我决定一定要把这件“小”事当作重要的事情去处理。第二天早上，我到校以后的第一件事就是到A老师的班里找到她，笑容满面地和她打声招呼：“A老师，今天你的课多么？”

“不多！武校长，您检查到校情况么？”

“不，我是专门来喊一声你的名字，因为，我记住了它。”

A老师笑了，笑出了声；我也笑了，笑得灿烂如花。这是会心的一笑，也是理解的一笑。

后来，我们成了很好的朋友，A老师告诉我，那一天早上的镜头一直温暖着她，许多天里，每当她见到我就好想叫我一声“姐姐”。

我知道，我也在不经意间成了她心中的一道风景。

“让自己成为别人眼睛中的一道风景”！这是飞机上那位不知名的小伙子带给我的生活启迪。我想，在未来很长的日子里，它将成为我永恒的努力。今天，在这本随笔集即将出版的时候，我也真诚的祈祷：以这本书为桥梁，但愿我能成为更多老师心中的风景。

图书在版编目（CIP）数据

教育的生命底色 / 武凤霞著. —长沙：湖南教育出版社，2010. 4
（树人书屋）
ISBN 978-7-5355-6526-6

Ⅰ. ①教… Ⅱ. ①武… Ⅲ. ①中小学—教学研究—文集 Ⅳ. ①G632. 0-53

中国版本图书馆CIP数据核字（2010）第057093号

教育的生命底色

武凤霞 著

责任编辑：王芳

责任校对：曾朝晖等

湖南教育出版社出版发行（长沙市韶山北路443号）

网　址：http://www.hneph.com　　http://www.shoulai.cn

电子邮箱：228411705@qq.com

客　服：电话 0731-85486742　　QQ 228411705

湖南省新华书店经销　　长沙超峰印刷有限公司印刷

710 × 1000　　16开　　印张：15.5　　字数：178500

2010年4月第1版　　2012年8月第2次印刷

ISBN 978-7-5355-6526-6

定价：19.50元